CODE CIVIL SUISSE

AVANT-PROJET

DU

DÉPARTEMENT FÉDÉRAL DE JUSTICE ET POLICE

BERNE
Imprimerie Büchler & Co.
1900.

CODE CIVIL SUISSE

AVANT-PROJET

DU

DÉPARTEMENT FÉDÉRAL DE JUSTICE ET POLICE

BERNE
Imprimerie Büchler & Co.
1900.

Avant-propos.

Le projet que nous publions aujourd'hui comprend les avant-projets des diverses parties du Code civil suisse, tels qu'ils furent arrêtés, en 1896, 1899 et 1900, par des commissions d'experts que désigna le Département fédéral de Justice et Police; le texte de ces avant-projets n'a subi que les modifications nécessitées par leur réunion en un seul corps, sous une même série d'articles, et celles qui furent reconnues utiles au cours des travaux de revision. Les renseignements relatifs aux travaux préparatoires sont fournis par le *Titre final* de la présente édition.

Nous comptons beaucoup, pour achever l'œuvre de la codification de notre droit civil, sur la collaboration active de toutes les parties de la Suisse, de tous les intérêts et de toutes les forces de la nation. Les vœux, les observations, les propositions qui nous parviendront nous seront d'un grand prix, et nous invitons tous ceux qui auront l'intention d'en présenter, de nous les communiquer le plus tôt possible.

Avant la fixation du texte définitif par le Conseil fédéral, nous pensons d'ailleurs charger de l'examen du projet une grande Commission, que nous convoquerons aussitôt que faire se pourra et qui sera composée de représentants de tous les intérêts essentiels du pays.

Berne, le 12 Novembre 1900.

Le Chef du Département fédéral
de Justice et Police:

BRENNER.

TITRE PRÉLIMINAIRE.

Art. 1.

A. Empire du droit civil.
I. Principe de son application.

La loi civile s'applique à toutes les causes qu'elle régit selon sa lettre ou son esprit.

En l'absence d'un texte légal applicable, le juge prononce selon le droit coutumier, et, en l'absence d'un droit coutumier, suivant la doctrine et la jurisprudence.

A défaut de ces sources, il appliquera les règles qu'il édicterait, s'il avait à faire office de législateur.

2.

II. Droit coutumier.

Sera considéré comme partie intégrante de la législation fédérale, le droit coutumier qui s'est formé pour expliquer ou compléter la loi civile.

Ne seront pas reconnus comme droit coutumier les usages locaux tendant à éluder ou à modifier la loi civile.

3.

B. Droit cantonal.
I. Droit civil des Cantons.

Les Cantons ont la faculté de promulguer ou d'abroger des règles de droit civil, dans les matières où leur compétence législative a été réservée.

Le droit coutumier des Cantons est reconnu dans la même mesure.

4.

II. Droit public des Cantons.

Les prérogatives des Cantons en matière de droit public ne sont pas restreintes par les lois civiles de la Confédération.

Ils sont autorisés à prohiber, dans les limites de leur souveraineté, le commerce de certaines choses ou à frapper de nullité toutes conventions y relatives.

5.

C. Droit étranger.

Les Suisses à l'étranger et les étrangers en Suisse sont soumis aux lois que leur déclarent applicables les traités internationaux conclus par la Confédération et, en l'absence de traités, aux dispositions du présent Code.

Le juge suisse peut exiger, dans les causes réclamant l'application du droit étranger, que la consistance de ce droit soit établie par celle des parties qui s'en prévaut.

Lorsque cette preuve n'est pas faite et que la loi étrangère n'est d'ailleurs pas connue du juge, ce dernier applique le droit civil fédéral.

Livre premier.

Des personnes.

DES PERSONNES.

Titre premier.

Des individus.

Chapitre premier.

De la capacité civile.

6.

Tout individu jouit des droits civils. A. Capacité civile en général. I. Jouissance des droits civils.

Cette jouissance confère à tous, dans les limites de la loi, la faculté d'avoir les mêmes droits et les mêmes obligations.

7.

Tout individu majeur est réputé capable d'exercer les droits civils. II. Exercice des droits civils. 1. Majorité. a. En général.

Il a la faculté d'acquérir des droits et d'assumer des obligations pour soi-même et pour autrui.

8.

La majorité est fixée à vingt ans accomplis. b. Majorité de par la loi.

Le mineur est émancipé de plein droit par le mariage.

9.

Le mineur âgé de plus de dix-huit ans pourra, si ses intérêts l'exigent, être émancipé par l'autorité tutélaire supérieure. c. Emancipation.

10.

2. Incapacité naturelle.
a. Cas.

Sont incapables d'exercer les droits civils ceux qui, par l'effet de leur jeune âge, de maladies mentales, de faiblesse d'esprit, d'ivresse ou d'autres causes semblables n'ont pas conscience des motifs ni de la portée de leurs actes, ou qui, bien que doués de discernement, ne peuvent y conformer leurs actes.

11.

b. Effets.

Les actes de celui qui, d'une manière générale ou dans un cas déterminé, se trouve en état d'incapacité naturelle, sont nuls à son égard; demeurent réservées les exceptions prévues par la loi.

12.

3. Mineurs et interdits.

Les mineurs et les interdits sont privés de l'exercice des droits civils.

Ils peuvent toutefois, s'ils ne sont pas en état d'incapacité naturelle, acquérir, se libérer et exercer tous les droits strictement personnels sans l'autorisation de leur représentant légal; ils sont responsables du dommage causé par leurs actes illicites.

13.

4. Etrangers.

L'étranger qui, d'après la loi suisse, serait capable d'exercer les droits civils, ne peut se prévaloir, pour ses engagements contractés en Suisse, du fait qu'il était incapable selon la loi de son pays.

14.

III. Atteinte à l'honneur.
1. Perte de l'honorabilité.

Celui qui, par sa conduite, porte atteinte à son honneur, perd la faculté de requérir la protection des lois pour l'exercice des droits qui, en vertu d'une disposition légale, ou suivant l'opinion générale et l'appréciation du juge, sont inséparables de l'honorabilité.

15.

Celui qui, par sentence pénale, se trouve privé de ses droits civiques, ne peut être ni témoin instrumentaire, ni tuteur. 2. Privation des droits civiques.

16.

La proximité de parenté s'établit par le nombre des générations, chaque génération formant un degré. IV. Parenté et alliance. 1. Parenté.

La ligne directe est la suite des personnes qui descendent l'une de l'autre; la ligne collatérale, la suite des personnes qui descendent d'un auteur commun.

17.

Les parents d'une personne sont au même degré et dans la même ligne les alliés de son conjoint. 2. Alliance.

La dissolution du mariage ne fait pas cesser l'alliance.

18.

L'acquisition et la possession du droit de cité sont réglées par l'Etat, ou par la commune. V. Droit de cité et domicile. 1. Droit de cité. a. Acquisition et possession.

19.

Le droit de cité d'un individu possédant plusieurs bourgeoisies est déterminé par celle de son dernier domicile et, s'il n'a eu de domicile dans aucune, par celle que lui-même ou ses ascendants ont acquise en dernier lieu. b. Concours de plusieurs bourgeoisies.

20.

Le domicile de toute personne est au lieu où elle réside avec l'intention de s'y établir. 2. Domicile. a. Définition.

21.

Toute personne conserve son domicile tant qu'elle ne s'en est pas créé un nouveau. b. Changement de domicile.

Nul ne peut avoir en même temps plusieurs domiciles.

22.

c. Domicile légal.

Sera considéré comme domicile de la femme, celui de son mari; comme domicile des enfants sous puissance paternelle, celui des père et mère; comme domicile des personnes sous tutelle, le siège de l'autorité tutélaire.

La femme dont le mari n'a pas de domicile, ou qui est autorisée à vivre séparée, peut avoir un domicile distinct.

23.

d. Des fonctionnaires fédéraux.

Le domicile des fonctionnaires fédéraux qui jouissent de l'exterritorialité au siège de leurs fonctions est à leur lieu d'origine.

24.

e. Séjour dans un établissement.

Les personnes placées, même à demeure, dans un établissement d'éducation, un hospice, un hôpital ou un pénitencier, n'ont point par le fait leur domicile dans ce lieu.

25.

B. Mesures protectrices de la capacité civile.
I. En général.
1. Inaliénabilité.

Nul ne peut renoncer totalement ou en partie à la capacité civile.

Nul ne peut aliéner sa liberté, ni en compromettre gravement l'exercice.

26.

2. Intervention judiciaire.

Celui qui subit dans sa personne une atteinte illicite peut en demander la cessation, sans préjudice d'indemnité à titre de dommages-intérêts et, le cas échéant, de satisfaction personnelle.

27.

II. En particulier.
1. Protection du nom.

Celui dont le nom est contesté peut faire reconnaître son droit par l'autorité compétente.

Celui qui est lésé par une usurpation de son nom, peut exiger qu'elle cesse, sans préjudice d'indemnité à titre de dommages-intérêts et, le cas échéant, de satisfaction personnelle.

28.

2. Changement de nom.

Chacun peut, pour des motifs suffisants, demander au gouvernement de son Canton d'origine l'autorisation de changer de nom.

Ce changement sera inscrit aux registres de l'état civil; il ne modifie pas la condition de celui qui l'a obtenu.

29.

C. Commencement et fin de la personnalité.
I. Naissance et mort.

La jouissance des droits civils commence aussitôt après la naissance est finit avec la mort.

L'enfant conçu jouit des droits civils, pourvu qu'il naisse vivant.

30.

II. Preuve de la vie et de la mort.
1. Fardeau de la preuve.

Celui qui, dans le but de faire valoir des droits quelconques, allègue qu'une personne existe, ou qu'elle est morte, ou qu'elle était vivante à une époque déterminée, ou qu'elle a survécu à une autre personne, doit établir le fait qu'il invoque.

Lorsque plusieurs personnes ont péri sans que l'on puisse établir laquelle est morte la première, elles sont présumées avoir péri au même moment.

31.

2. Moyens de preuve.
a. En général.

Les actes de l'état civil font preuve de la naissance et de la mort.

A leur défaut, ou lorsqu'il est établi qu'ils sont inexacts, la naissance ou la mort pourront être prouvées par tous autres moyens.

32.

b. Indices de mort.

La mort d'un individu dont le corps n'a pas été trouvé est considérée comme établie, lorsqu'il a disparu sous les yeux de témoins dignes de foi, et dans des circonstances qui permettent de tenir la mort pour certaine.

Toutefois, cette présomption ne sera admise que s'il n'est pas survenu d'indices contraires dans un délai fixé par sommation judiciaire.

33.

III. Déclaration d'absence.
1. Conditions.

Le juge pourra prononcer la déclaration d'absence à la requête de ceux qui ont des droits subordonnés au décès, lorsqu'un individu aura disparu en imminent danger de mort ou que l'on n'aura plus eu de ses nouvelles depuis longtemps.

34.

2. Procédure.

La déclaration d'absence pourra être demandée à l'expiration d'un an au moins après le danger de mort ou de cinq ans au moins après les dernières nouvelles.

Le juge invitera, par sommations duement publiées, les personnes qui pourraient donner des nouvelles de l'absent à s'annoncer dans un délai déterminé.

Ce délai sera de deux ans au moins à partir du danger de mort, de six ans au moins à partir des dernières nouvelles, dans tous les cas d'un an au moins à partir de la première sommation.

35.

3. Survenance de nouvelles.

Si l'absent reparaît avant l'expiration du délai, ou si l'on a eu de ses nouvelles, ou si la date de sa mort est établie, la demande est écartée.

36.

4. Effets.

Lorsque la sommation est restée infructueuse, le juge prononce la déclaration d'absence, et les droits ouverts par le décès pourront être exercés de la même manière que si la mort de l'absent était prouvée.

Les effets de la déclaration d'absence remontent au jour de la disparition ou des dernières nouvelles.

Chapitre II.

Des actes de l'état civil.

37.

A. En général.
I. Registres.
1. Force probante.

L'état civil est constaté par les registres à ce destinés.

Toute inscription rédigée dans les formes légales fait pleine foi jusqu'à preuve du contraire.

38.

Les Cantons déterminent les arrondissements, nomment les officiers de l'état civil, fixent le traitement et pourvoient à la surveillance de ces fonctionnaires; le tout sous le contrôle de la Confédération. 2. Organisation.

Les ordonnances des Cantons sont soumises à l'approbation du Conseil fédéral.

39.

Les registres de l'état civil sont tenus par des fonctionnaires laïques. 3. Fonctionnaires.

Les officiers de l'état civil tiennent les registres dans les formes légales, procèdent aux inscriptions et délivrent les extraits.

Sont réservées les dispositions particulières concernant les attributions des représentants de la Suisse à l'étranger.

40.

Les officiers de l'état civil et les autorités de surveillance immédiate sont personnellement responsables du dommage causé par leur faute ou celle des employés nommés par eux. 4. Responsabilité.

41.

Les offices de l'état civil sont soumis à une surveillance régulière. 5. Surveillance. a. Plaintes.

Les plaintes seront jugées par l'autorité cantonale de surveillance, sous réserve de recours au Conseil fédéral.

42.

L'autorité de surveillance prononce les peines disciplinaires contre les officiers de l'état civil, pour contraventions aux devoirs de leur charge. b. Peines disciplinaires.

Ces peines sont la réprimande, l'amende jusqu'à mille francs et, dans les cas graves, la destitution.

Les poursuites pénales demeurent réservées.

43.

Les registres de l'état civil se divisent en registres des naissances, des décès, des promesses de mariage et des mariages. II. Organisation des registres. 1. Catégories de registres.

Le Conseil fédéral ou les autorités cantonales pourront en prescrire d'autres encore.

44.

2. Doubles.

Les registres de l'état civil sont tenus doubles.

L'un des doubles sera conservé à l'office de l'état civil, et le second sera déposé, à la fin de l'année, muni de l'attestation de conformité, aux archives que l'autorité de surveillance désignera.

45.

3. Inscriptions ultérieures.

Le registre déposé aux archives sera tenu à jour par un fonctionnaire spécial, auquel l'officier de l'état civil communiquera par écrit toutes inscriptions ultérieures.

46.

III. Tenue des registres.
1. Fonctionnaire compétent.

Il sera procédé aux inscriptions dans l'ordre des déclarations, à l'office de l'état civil dans le ressort duquel le fait donnant lieu à l'inscription s'est produit.

47.

2. Avis à d'autres officiers de l'état civil.

Les inscriptions concernant les personnes domiciliées dans un autre lieu ou originaires d'un autre lieu, seront immédiatement communiquées par écrit aux officiers de l'état civil du domicile ou du lieu d'origine, qui, à leur tour, procéderont sans délai à l'inscription.

Ces communications se feront sans frais.

48.

3. Mode d'inscription.

Les inscriptions seront faites et signées par l'officier de l'état civil immédiatement après la déclaration.

Il ne sera rien écrit par abréviation et aucune date ne sera mise en chiffres.

49.

4. Contrôle des déclarations.

Si l'officier de l'état civil ne connaît pas le déclarant ou sa signature, ou si la déclaration lui paraît suspecte, il ne procède à l'inscription qu'après s'être assuré de l'exactitude de la déclaration.

50.

5. Rectifications.

Aucune inscription ne sera rectifiée que sur ordonnance du juge.

Toutefois l'autorité de surveillance pourra ordonner la rectification des fautes résultant indubitablement d'une inadvertance ou d'une erreur du fonctionnaire.

51.

Les pièces justificatives seront classées chronologiquement, par séries de registres, et conservées.

6. Pièces justificatives.

52.

Le Conseil fédéral rendra les ordonnances nécessaires concernant l'organisation et la tenue des registres, les extraits et les communications d'extraits, le tarif des émoluments; il fixera les amendes encourues pour défaut de déclaration.

IV. Ordonnances.

53.

Toute naissance doit être déclarée dans les trois jours; la même déclaration sera faite pour les enfants mort-nés après le sixième mois.

B. Registre des naissances.
I. Déclaration.
1. Cas.

Celui qui trouve un enfant d'origine inconnue doit aviser la police locale, qui en fera la déclaration à l'officier de l'état civil.

54.

Sont tenus de déclarer la naissance: en premier lieu, le père légitime, puis, successivement, l'un à défaut de l'autre, la sage-femme, le médecin, toute autre personne présente à l'accouchement, celui dans la maison ou dans l'appartement duquel l'accouchement a eu lieu, enfin la mère, dès qu'elle sera en état de le faire.

2. Personnes tenues de faire la déclaration.

55.

La déclaration est verbale; elle peut être faite par un mandataire.

3. Forme de la déclaration.

Les fonctionnaires de police, les directeurs d'établissements publics et les médecins patentés sont seuls autorisés à faire des déclarations par écrit.

56.

L'inscription contiendra:

II. Inscription.
1. En cas d'origine connue.

Les lieu, an, mois, jour et heure de la naissance; pour les jumeaux, séparément;

Les nom et prénoms ainsi que le sexe de l'enfant;

Les nom, prénoms, profession, domicile et lieu d'origine des père et mère;

Les nom, prénoms, profession, domicile et lieu d'origine du déclarant;

La signature du déclarant, ou le signe en tenant lieu avec la mention de l'officier de l'état civil que le déclarant ne peut signer.

L'enfant mort-né ou décédé avant la déclaration est inscrit sans prénoms.

57.

2. En cas d'origine inconnue.

Pour l'enfant trouvé, l'inscription contiendra:

Le lieu, l'époque et les circonstances de la découverte;

Le sexe de l'enfant et son âge apparent;

Les marques corporelles et signes particuliers;

La liste des vêtements et autres objets trouvés avec l'enfant;

Le nom que l'autorité lui donne;

Le nom de la personne chez laquelle l'enfant est placé.

58.

III. Modification d'inscriptions.

Il sera fait mention, en marge de l'inscription, à la requête des intéressés ou de l'autorité compétente, des modifications survenues dans l'état civil, en suite de reconnaissance d'un enfant naturel, de déclaration de paternité, de légitimation, d'adoption ou de constatation de l'origine d'un enfant trouvé.

59.

C. Registre des décès. I. Déclaration. 1. Cas.

Tout décès et toute découverte de cadavre doivent être déclarés dans les deux jours à l'officier de l'état civil.

60.

2. Personnes tenues de faire la déclaration. a. En cas de décès d'un individu connu.

Sont tenus de déclarer le décès ou la découverte du corps d'un individu connu: en premier lieu, le chef de famille, puis, successivement, l'un à défaut de l'autre, la mère ou la veuve, le plus proche parent habitant le même endroit que le défunt, celui dans la maison ou l'appartement duquel le décès a eu lieu ou le corps a été découvert, toute personne présente au décès ou qui a découvert le corps, enfin la police locale.

61.

Celui qui trouve le cadavre d'un inconnu doit aviser la police locale, qui en fera la déclaration à l'officier de l'état civil.

b. En cas de décès d'un inconnu.

62.

La déclaration est verbale; elle peut être faite par un mandataire.

3. Forme de la déclaration.

Les fonctionnaires de police, les directeurs d'établissements publics et les médecins patentés sont seuls autorisés à faire des déclarations par écrit.

63.

L'inscription contiendra:

II. Inscription.
1. Décès d'une personne connue.

Les lieu, an, mois, jour et heure du décès; le lieu, l'époque et les circonstances de la découverte du corps d'un individu connu;

Les nom, prénoms, profession, domicile, lieu d'origine, état civil et confession du défunt;

Les nom, prénoms, profession, domicile et lieu d'origine du conjoint survivant, prédécédé ou divorcé;

Les nom, prénoms, profession, domicile et lieu d'origine des père et mère;

La cause de la mort, avec attestation d'un médecin patenté, si possible;

Les nom, prénoms, profession, domicile et lieu d'origine du déclarant;

La signature du déclarant, ou le signe en tenant lieu avec la mention de l'officier de l'état civil que le déclarant ne peut signer.

64.

En cas de décès ou de découverte du corps d'un inconnu, l'inscription contiendra:

2. Décès d'un inconnu.

Le lieu, l'époque et les circonstances du décès ou de la découverte du corps;

Le sexe et l'âge apparent du défunt;

Les marques corporelles ou signes particuliers;

La liste des vêtements et autres objets trouvés avec le corps;

La cause probable de la mort, avec attestation d'un médecin patenté, si c'est possible.

65.

3. Cadavre disparu.

Lorsqu'on retrouve les restes d'un cadavre, ou qu'il existe d'autres indices graves de la mort d'une personne, le décès ne pourra être inscrit qu'avec le consentement de l'autorité de surveillance et sans préjudice de la constatation du décès par le juge.

66.

4. Déclaration d'absence.

La déclaration d'absence est inscrite, sur avis du juge, de la même manière que le décès.

67.

5. Inhumation prématurée.

L'inhumation ne peut avoir lieu avant l'inscription du décès, qu'avec l'autorisation expresse de la police locale.

En cas de contravention, l'autorité de surveillance donnera les instructions nécessaires pour l'inscription.

68.

III. Modification d'inscriptions.

Les rectifications rendues nécessaires par des déclarations reconnues fausses, par l'identification de l'individu inscrit comme inconnu et par la révocation de la déclaration d'absence seront faites en marge de l'inscription.

69.

D. Registre des mariages.

Les registres des promesses de mariage et des mariages seront tenus en conformité des dispositions concernant le mariage.

Titre deuxième.

Des corporations et des établissements.

Chapitre premier.

Dispositions générales.

70.

A. Conditions de la personnalité civile.

Les groupes de personnes organisés corporativement, ainsi que les établissements ayant une destination propre et une existence indépendante, jouissent de la personnalité civile.

Les corporations et les établissements dont le siège est à l'étranger n'ont la personnalité civile que dans la mesure où elle leur est conférée par la loi étrangère; elles ne l'ont jamais que dans les limites fixées par la loi suisse.

71.

B. Jouissance des droits civils.
I. En général.

Les corporations et les établissements jouissent des droits civils, à l'exception de ceux qui sont inséparables des conditions naturelles de l'homme, telles que le sexe, l'âge ou la parenté.

72.

II. Restrictions.

La législation cantonale peut réserver l'autorisation de l'Etat pour l'acceptation de toute libéralité supérieure à mille francs et pour toute acquisition d'immeubles par des corporations ou des établissements.

Les corporations et les établissements publics de l'étranger ne pourront acquérir d'immeubles sans l'autorisation du Conseil fédéral.

73.

C. Siège.

Le siège des corporations et des établissements est au lieu de leur administration, sauf disposition contraire des statuts.

74.

D. Exercice des droits civils.
I. Conditions.

Les corporations et les établissements pourvus d'une administration conforme aux lois et aux statuts, sont capables d'exercer les droits civils.

75.

II. Mode.

Les droits des corporations et des établissements sont exercés par leurs organes administratifs.

Ceux-ci engagent, en leur qualité, la corporation ou l'établissement, soit par les conventions qu'ils font, soit par leurs actes non contractuels.

Les fautes commises obligent, au surplus, leurs auteurs.

76.

E. Suppression de la personnalité.
I. Destination des biens.

Sauf disposition contraire des lois, statuts ou actes de fondation, la fortune des corporations et des établissements dissous est dévolue à l'Etat (Confédération ou Canton) ou à la commune dont ils relevaient par leur destination.

Cette dévolution aura toujours lieu en cas de dissolution par le juge, nonobstant disposition contraire des statuts ou de l'acte de fondation.

L'Etat ou la commune maintiendront, autant que possible, la destination primitive des biens.

77.

II. Liquidation.

On appliquera, pour liquider les biens des corporations ou établissements, les articles du Code fédéral des obligations concernant la liquidation des associations.

Chapitre II.

Des sociétés.

78.

A. Constitution.
I. Décision.

Les sociétés qui n'ont pas un but proprement économique, telles que les sociétés politiques, religieuses, scientifiques, artistiques, de bienfaisance ou de récréation ont la personnalité civile, lorsqu'elles expriment, d'une manière suffisante, leur volonté d'être constituées en corps organisés.

A cet effet, elles sont tenues d'adopter des statuts écrits, qui contiendront les dispositions nécessaires sur le but, les ressources et l'organisation (assemblée générale et direction) de la société.

79.

II. Inscription.

La société dont les statuts ont été adoptés par ses membres pourra se faire inscrire au registre du commerce, après avoir désigné la direction.

Les statuts et l'état des membres de la direction seront joints à la demande d'inscription.

80.

III. Sociétés prohibées.

Les sociétés dont le but est illicite ou immoral n'ont pas droit à la personnalité civile.

81.

IV. Sociétés sans personnalité.

Les sociétés qui n'ont pas droit à la personnalité civile, ou qui ne l'ont pas acquise, sont assimilées aux sociétés simples.

82.

B. Organisation.
I. Assemblée générale.
1. Attributions et convocation.

L'assemblée générale est le pouvoir suprême de la société.

Elle est convoquée par la direction dans les cas prévus aux statuts, ou lorsque le dixième des sociétaires le demandent.

83.

2. Compétences.

L'assemblée générale prononce sur l'admission et l'exclusion des membres, nomme la direction et décide des affaires qui ne sont pas du ressort des autres organes de la société.

Elle exerce la surveillance sur ces derniers et peut les révoquer en tout temps, sous réserve des droits résultant de conventions.

84.

3. Décisions.
a. Forme.

Les décisions de la société sont prises en assemblée générale.

Toutefois l'adhésion par écrit de tous les sociétaires à une proposition équivaut à une décision de l'assemblée générale.

85.

b. Vote et majorité.

Sauf disposition contraire des statuts, chaque membre de l'assemblée générale n'a droit qu'à une voix, et les décisions sont prises à la majorité des voix des sociétaires présents.

Aucune décision ne sera prise en dehors de l'ordre du jour, que si les statuts le permettent expressément.

86.

II. Direction.

La direction est tenue de gérer les affaires de la société et de la représenter; ses droits sont déterminés par les statuts.

87.

C. Sociétaires.
I. Entrée et sortie.

Sauf disposition contraire des statuts, la société peut en tout temps recevoir de nouveaux membres.

Chaque sociétaire a le droit, nonobstant disposition contraire des statuts, de sortir de la société, pourvu qu'il annonce sa sortie six mois avant l'expiration de l'exercice administratif, ou de l'année le cas échéant.

La qualité de sociétaire est inaliénable; elle ne passe pas aux héritiers.

88.

II. Cotisations.

Les cotisations sont fixées par les statuts.

A défaut de disposition statutaire, les sociétaires contribuent à parts égales aux dépenses que comporte le but social et à l'acquittement des dettes.

89.

III. Exclusion.

L'exclusion d'un sociétaire peut être décidée, pour de justes motifs, même à défaut de disposition statutaire.

Il y a recours en justice contre cette décision dans le mois de sa communication.

90.

Les membres sortis ou exclus sont déchus de leurs droits aux biens de la société, sauf disposition contraire des statuts. IV. Effets de la sortie.

Ils doivent les cotisations, pour le temps pendant lequel ils ont été sociétaires.

91.

Tout sociétaire pourra, dans le délai d'un mois, attaquer en justice les décisions auxquelles il n'a pas adhéré et qui dépassent ou modifient le but de la société. V. Protection du but social.

92.

Tout sociétaire pourra attaquer en justice les décisions auxquelles il n'a pas adhéré et qui portent atteinte à ses droits garantis par la loi ou les statuts. VI. Protection des droits garantis.

93.

La dissolution de la société peut être décidée en tout temps, sauf disposition contraire des statuts. D. Dissolution. I. Cas. 1. Par décision.

94.

La dissolution de la société a lieu de plein droit par la faillite, ou lorsque la direction ne peut plus être constituée conformément aux statuts. 2. De plein droit.

95.

La dissolution est prononcée en justice, à la demande de l'autorité compétente ou de tout intéressé, lorsque la société poursuit un but illicite ou immoral. 3. Par jugement.

96.

La dissolution de la société inscrite au registre du commerce sera déclarée au préposé par la direction, le cas échéant par le juge, à fin de radiation. II. Radiation de l'inscription.

Chapitre III.

Des fondations.

97.

A. Constitution.
I. En général.

La fondation est un établissement de droit privé, pourvu d'un capital à destination spéciale et licite.

Elle est constituée par acte authentique ou, si elle résulte d'une disposition de dernière volonté, selon les formes du testament public.

98.

II. Fondations à destination publique.

La fondation à destination publique est soumise à l'approbation de l'autorité compétente.

Elle est révocable jusqu'à l'approbation.

99.

III. Action des héritiers et créanciers.

L'acte de fondation peut être attaqué, comme une donation, par les héritiers à réserve ou par les créanciers du fondateur.

100.

B. Organisation.
I. Acte de fondation.

L'acte de fondation, ou les statuts rédigés dans la même forme, indiqueront les organes de la fondation et le mode d'administration.

101.

II. Dispositions de l'autorité de surveillance.

A défaut d'indications suffisantes, l'autorité de surveillance prendra les dispositions nécessaires.

Lorsqu'il ne sera pas possible d'organiser la fondation conformément à sa destination, le capital sera remis, sauf opposition du fondateur ou clause contraire de l'acte, à la fondation la plus semblable par son objet.

102.

C. Surveillance.
I. Organes.

Les fondations sont placées sous la surveillance de l'Etat (*Confédération ou Canton*) ou de la commune dont elles relèvent par leur destination.

L'autorité de surveillance immédiate sera désignée, sauf

disposition contraire de la loi, par les gouvernements cantonaux, le cas échéant par le Conseil fédéral.

103.

L'autorité de surveillance pourvoit à ce que les biens des fondations soient employés et conservés conformément à leur destination. II. Objet.

104.

Le gouvernement cantonal, le cas échéant le Conseil fédéral pourra, sur la proposition de l'autorité de surveillance et après avoir consulté le pouvoir suprême de la fondation, modifier l'organisation de celle-ci, lorsque cette mesure paraîtra nécessaire pour la conservation des biens ou la réalisation de l'œuvre. D. Modification. I. Modification de l'organisation.

105.

Le gouvernement cantonal, le cas échéant le Conseil fédéral pourra, sur la proposition de l'autorité de surveillance et après avoir consulté le pouvoir suprême de la fondation, modifier le but de celle-ci, lorsque l'importance ou les résultats de l'œuvre ne répondent évidemment plus à l'intention du fondateur. II. Modification du but.

106.

La fondation est dissoute de plein droit, lorsque son but est devenu irréalisable. E. Dissolution. I. De plein droit.

107.

La dissolution est prononcée par le juge, à la demande de l'autorité de surveillance ou de tout intéressé, lorsque le but de la fondation est devenu illicite ou immoral. II. Par jugement.

Chapitre IV.

Des autres corporations ou établissements.

108.

A. Sociétés à destination économique.

Les sociétés qui ont un but économique sont régies par le droit fédéral sur la matière, les associations d'allmends et autres semblables par le droit cantonal.

109.

B. Corporations et établissements de droit public.

Le droit public fédéral et cantonal est réservé à l'égard des corporations et des établissements qui en relèvent, ainsi que des corporations et des établissements ecclésiastiques.

Livre deuxième.

De la famille.

DE LA FAMILLE.

Première partie.

Des époux.

Titre troisième.

Du mariage.

Chapitre premier.

Des fiançailles.

110.

Les fiançailles sont l'engagement mutuel de contracter mariage. A. Engagement.

Le consentement du représentant légal est nécessaire, lorsque les fiancés sont mineurs ou interdits.

111.

Il n'y a pas d'action pour contraindre au mariage le fiancé qui s'y refuse. B. Ses effets.

Les peines conventionnelles qui auraient été stipulées ne peuvent être réclamées.

112.

Le fiancé qui, sans motif suffisant, ou pour un fait qui lui est imputable, rompt son engagement ou qui, par sa conduite, provoque la rupture, doit une indemnité équitable à raison des dépenses faites de bonne foi en vue de la célébration du mariage. C. Conséquence de la rupture. I. Dommages-intérêts.

113.

II. Satisfaction personnelle.

Le fiancé qui, par malice ou légèreté, cause la rupture pourra, en l'absence même de tout dommage, être condamné à payer à l'autre une indemnité équitable à titre de satisfaction personnelle.

114.

III. Restitution des présents.

Les parties pourront toujours réclamer les présents qu'elles se sont faits, soit en nature soit jusqu'à concurrence de l'enrichissement existant au jour de la rupture.

En cas de rupture des fiançailles par la mort, les présents ne pourront être réclamés.

115.

IV. Prescription.

Les réclamations pour cause de rupture des fiançailles se prescrivent par un an.

Chapitre II.

De la capacité requise pour contracter mariage et des empêchements.

116.

A. Conditions de la capacité.
I. Age.

L'homme avant vingt ans révolus, la femme avant dix-huit ans accomplis, ne peuvent contracter mariage.

117.

II. Capacité civile.

L'homme et la femme ne peuvent contracter mariage, s'ils sont naturellement incapables d'exercer les droits civils.

Les personnes atteintes de maladies mentales ne peuvent contracter mariage.

118.

III. Consentement des père et mère ou du tuteur.

Les mineurs ne peuvent se marier sans le consentement de leurs père et mère, ou de celui de leur tuteur si les père et mère sont morts ou n'ont pas la puissance paternelle.

Les interdits ne peuvent contracter mariage sans le consentement de leur tuteur.

Il y a recours aux autorités de tutelle contre le refus du tuteur.

119.

B. Empêchements.
I. Parenté et alliance.

Le mariage est prohibé:

Entre parents en ligne directe, ainsi qu'entre frères et sœurs germains, consanguins ou utérins, légitimes ou illégitimes;

Entre alliés en ligne directe, même après l'annulation du mariage qui a créé l'alliance;

Entre l'adoptant et l'adopté, tant que l'adoption subsiste.

120.

II. Mariage antérieur.
1. Preuve de sa dissolution.
a. En général.

Celui qui veut contracter un nouveau mariage doit établir que le mariage précédent est dissous par le décès, le divorce, ou a été déclaré nul.

121.

b. En cas de déclaration d'absence.

Le conjoint d'un individu déclaré absent ne pourra contracter un nouveau mariage avant la dissolution du précédent par le juge.

La dissolution peut être prononcée en même temps que la déclaration d'absence, ou séparément.

La procédure en matière de divorce est applicable.

122.

2. Délai d'attente.
a. Pour la femme.

La veuve, l'épouse divorcée, la femme dont le mariage a été déclaré nul ne pourra se remarier avant l'expiration de trois cents jours, à partir de la dissolution ou de l'annulation du précédent mariage.

Le délai d'attente prend fin en cas d'accouchement.

Le juge peut abréger le délai, lorsqu'il résulte des circonstances que la femme ne peut être enceinte de son précédent mariage, ou lorsqu'il existe d'autres motifs graves.

123.

b. Pour les époux divorcés.

L'homme et la femme divorcés ne peuvent contracter un nouveau mariage dans le délai pendant lequel le tribunal leur a interdit de se remarier.

Chapitre III.

De la publication et de la célébration du mariage.

124.

A. Publication. I. Requête. 1. Mode de la déclaration.

Les futurs époux feront la déclaration de leur promesse de mariage à l'officier de l'état civil et le requerront de la publier.

Ils feront cette déclaration en personne, ou par un écrit dûment légalisé.

Ils remettront à l'officier de l'état civil leurs actes de naissance et, le cas échéant, le consentement par écrit de leurs père et mère ou du tuteur, ainsi que l'acte de décès du précédent conjoint ou le jugement prononçant la dissolution du mariage antérieur.

125.

2. Lieu de la déclaration.

La déclaration de promesse de mariage est faite à l'officier de l'état civil du domicile du fiancé.

Elle pourra être faite à l'officier de l'état civil du lieu d'origine, lorsque le fiancé de nationalité suisse a son domicile à l'étranger.

126.

3. Fiancés étrangers.

Le fiancé étranger peut faire la déclaration de promesse de mariage à son domicile, lorsqu'il a reçu du gouvernement du Canton où il est domicilié l'autorisation de contracter mariage.

Celle-ci ne pourra lui être refusée, si les autorités du pays d'origine déclarent reconnaître le mariage avec tous ses effets.

Sont réservés les traités internationaux.

127.

II. Refus de publication.

La publication de la promesse de mariage ne peut avoir lieu, lorsque la déclaration n'est pas régulière, lorsque l'un des futurs époux ne possède pas la capacité de contracter mariage ou qu'il existe un empêchement manifeste.

128.

La publication sera faite immédiatement. III. Mode de publication.

Il y sera procédé aux lieux de domicile et d'origine de chacun des futurs époux, par un avis qui restera affiché pendant dix jours ou par une insertion dans une feuille officielle.

La publication énoncera les noms et prénoms, profession, domicile et lieu d'origine des futurs époux ainsi que de leurs père et mère, et, le cas échéant les nom et prénoms du précédent conjoint.

129.

B. Opposition.
I. Droit de former opposition.

Tout intéressé pourra former opposition au mariage, durant le délai de publication, pour cause d'incapacité d'un des futurs époux ou d'empêchement légal; l'opposition est remise par écrit à l'un des officiers de l'état civil qui ont procédé à la publication.

130.

II. Opposition d'office.

L'autorité compétente est tenue de former d'office opposition, lorsqu'il existe un empêchement entraînant la nullité absolue du mariage.

131.

III. Procédure.
1. Communication de l'opposition.

Il sera, immédiatement après l'expiration du délai de publication, donné connaissance de l'opposition au futur époux par l'officier de l'état civil qui a reçu la promesse de mariage.

En cas de contestation de la part du futur époux, l'opposant sera avisé sans délai.

132.

2. Prononcé sur l'opposition.

L'action en interdiction de mariage sera intentée par l'opposant devant le juge du lieu où la promesse de mariage a été reçue.

L'officier de l'état civil est tenu d'écarter, sans autre forme de procès, toute opposition qui ne serait pas fondée sur l'incapacité de contracter mariage ou sur un empêchement légal.

133.

3. Délais.

Les délais pour former une opposition, pour la contester, et pour intenter l'action en interdiction de mariage, sont de dix jours.

Le premier court du jour de la publication; le deuxième, de celui où l'opposition a été communiquée au futur époux; le troisième, de celui où l'opposant a été avisé de la contestation.

134.

C. Célébration du mariage.
I. Certificat de publication.
1. Délivrance.

L'officier de l'état civil qui a reçu la promesse de mariage délivrera le certificat de publication, immédiatement après avoir constaté qu'il n'est pas survenu d'opposition, ou qu'il n'y a pas été donné suite, ou qu'elle a été écartée.

135.

2. Effet.

Le certificat de publication est valable pour six mois et autorise les futurs époux à se marier devant tout officier suisse de l'état civil.

L'officier de l'état civil est tenu, nonobstant le certificat de publication, de refuser son ministère pour la célébration du mariage, lorsqu'il constate un fait qui formerait obstacle à la publication.

136.

II. Célébration sans certificat de publication.

Si la vie de l'un des futurs époux est menacée par une maladie grave, l'autorité de surveillance pourra permettre d'urgence à l'officier de l'état civil d'abréger les délais, et même de procéder, sans publication préalable, à la célébration du mariage.

Sous réserve des traités internationaux, elle pourra permettre à l'étranger sans domicile en Suisse d'y faire célébrer son mariage, pourvu que les autorités du pays d'origine déclarent reconnaître le mariage avec tous ses effets.

137.

Le mariage est célébré publiquement à l'office de l'état civil, en présence de deux témoins majeurs.

III. Acte de célébration.
1. Publicité.

Les Cantons sont tenus de fournir des salles convenables pour la célébration des mariages.

La célébration peut avoir lieu dans tout autre local, sur attestation médicale que l'un des futurs époux est empêché, pour cause de maladie, de se rendre à l'office de l'état civil.

138.

2. Formule.

L'officier de l'état civil invitera les futurs époux, l'un après l'autre, à lui déclarer s'ils veulent se prendre pour mari et femme.

Sur leur réponse affirmative, il célèbrera le mariage en ces termes:

„Vous venez tous deux de m'affirmer que votre volonté est de vous prendre pour mari et femme; en conséquence, au nom de la loi, je vous déclare unis par le mariage.“

139.

IV. Certificat de mariage et cérémonie religieuse.

A la demande des époux, il leur est délivré un certificat de mariage.

Aucune cérémonie religieuse de mariage ne peut avoir lieu sans qu'il soit présenté.

Tout ecclésiastique qui contreviendra à cette disposition sera passible d'une amende de mille francs au plus.

140.

D. Registre des mariages.

Le mariage sera inscrit au registre des mariages, immédiatement après la célébration.

L'inscription est signée par les époux, les témoins et l'officier de l'état civil; elle énoncera:

Les noms, prénoms, dates de naissance, profession, domicile et lieu d'origine des époux;

Les noms, prénoms, profession et domicile des père et mère;

Les nom et prénoms du conjoint précédent et la date

de la dissolution du précédent mariage;

La date de la publication et de la célébration du mariage;

Les pièces présentées à l'officier de l'état civil;

Les noms, prénoms, profession et domicile des témoins.

141.

E. Ordonnances.

Le Conseil fédéral et, dans les limites de leurs compétences, les autorités cantonales, rendront les ordonnances nécessaires concernant la publication et la célébration du mariage, notamment:

Les communications des officiers de l'état civil entre eux;

Les publications à faire à l'étranger ou les formalités équivalentes;

Les actes auxquels les officiers suisses de l'état civil sont tenus de procéder à la requête d'autorités étrangères;

La publication et la célébration du mariage des étrangers domiciliés en Suisse;

La tenue du registre des mariages;

Le tarif des émoluments.

Chapitre IV.

Des nullités de mariage.

142.

A. Nullité absolue.
I. Cas.

Le mariage sera déclaré nul:

Lorsqu'un des époux était déjà marié au moment de la célébration du mariage;

Lorsqu'un des époux était naturellement incapable d'exercer les droits civils ou atteint d'une maladie mentale;

Lorsque les époux sont parents ou alliés à un degré prohibé.

143.

II. Action.

L'action en nullité est intentée d'office par le fonctionnaire compétent.

Elle pourra l'être aussi par tous ceux qui y ont intérêt.

La nullité du mariage dissous par la mort ne sera pas

poursuivie d'office; les intéressés pourront la faire valoir pour la conservation de leurs droits.

144.

III. Exceptions.

La nullité ne peut être prononcée:

Lorsque l'époux incapable ou atteint d'une maladie mentale a recouvré la plénitude de ses facultés, et qu'aucun des époux ne demande la nullité;

En cas de bigamie, lorsque le premier mariage se trouve dissous, et que l'autre conjoint a été de bonne foi.

145.

B. Nullité relative.
I. Défaut de consentement.
1. Consentement insuffisant.

Le mariage peut être attaqué si, lors de la célébration, l'un des époux était, par l'effet d'une cause passagère, naturellement incapable d'exercer les droits civils.

146.

2. Vices du consentement.
a. Erreur.

Le mariage peut être attaqué pour cause d'erreur dans la personne, ou lorsqu'il a été contracté sous l'empire d'une erreur décisive sur les qualités personnelles du conjoint et à défaut desquelles la vie commune serait insupportable à l'époux trompé.

147.

b. Dol.

Le mariage peut être attaqué lorsqu'un des conjoints, ou un tiers de connivence avec lui, aura induit à dessein l'autre époux en une erreur décisive, au sujet de son honorabilité ou de sa famille, ou caché une maladie compromettant gravement la santé du conjoint ou de sa descendance.

148.

c. Violence

Le mariage peut être attaqué, lorsqu'il a été contracté

sous la menace d'un danger grave et imminent pour la vie, la santé ou l'honneur de l'un des conjoints ou de ses proches.

149.

3. Prescription.

L'action se prescrit par six mois à partir du jour où le demandeur a reconnu l'insuffisance de son consentement, son erreur, le dol pratiqué envers lui, ou a cessé d'être sous l'empire de la violence, et, dans tous les cas, par cinq ans à compter de la célébration du mariage.

150.

II. Défaut de capacité.

Le mariage peut être attaqué par les père et mère ou le tuteur, lorsque l'un des époux n'avait pas atteint l'âge requis ou, qu'étant mineur ou interdit, il s'est marié sans leur consentement.

Toutefois le mariage ne pourra être déclaré nul, après que les époux auront acquis la capacité nécessaire ou que la femme sera devenue enceinte.

151.

C. Illégalités n'emportant pas nullité.
I. Mariage entre adoptant et adopté.

Le mariage contracté entre adoptant et adopté ne sera pas déclaré nul.

L'adoption cesse par leur mariage.

152.

II. Violation du délai d'attente.

Le mariage contracté avant l'expiration des délais pendant lesquels il est interdit à une personne de se remarier, ne sera pas déclaré nul.

153.

III. Violation des formalités.

Le mariage contracté sans l'observation des formalités légales, devant l'officier de l'état civil, ne peut être déclaré nul, si les époux ont donné leur consentement.

154.

La nullité d'un mariage ne produit ses effets qu'une fois déclarée par jugement.

D. Déclaration de nullité.
I. En général.

Avant ce jugement, le mariage, même entaché de nullité absolue, a tous les effets d'un mariage valable.

155.

Les enfants issus d'un mariage déclaré nul sont considérés sous tous les rapports comme légitimes, même lorsque leurs père et mère n'étaient pas de bonne foi.

II. Effets de la nullité.
1. Quant aux enfants.

Les droits de ceux-ci sur leurs enfants sont réglés comme en cas de divorce.

156.

La femme qui a contracté mariage de bonne foi est, nonobstant la déclaration de nullité, maintenue dans sa condition mais reprend son nom de famille.

2. Quant aux époux.

La liquidation des biens matrimoniaux et les indemnités réclamées par les époux à titre de dommages-intérêts, pension alimentaire ou satisfaction personnelle, seront réglées comme en cas de divorce.

157.

Sera reconnu en Suisse tout mariage conclu à l'étranger, conformément à la législation qui y est en vigueur.

3. Droit international.

La nullité du mariage conclu à l'étranger ne pourra être prononcée en Suisse que si elle résulte à la fois de la loi étrangère et de la loi suisse.

158.

Le droit d'attaquer le mariage ne passe pas aux héritiers. Toutefois ils peuvent suivre l'action intentée.

E. Droit des héritiers, voies de recours, inscriptions.

La compétence en matière de nullité de mariage, les

mesures provisoires, les voies de recours et les communications aux officiers de l'état civil, sont réglées comme en cas de divorce.

Titre quatrième.

Du divorce.

159.

A. Causes de divorce.
I. Adultère.

Le divorce peut être demandé pour cause d'adultère.

L'action se prescrit par six mois à partir du jour où l'époux offensé a eu connaissance de la cause de divorce et, dans tous les cas, par cinq ans à partir de l'acte reprochable.

160.

II. Attentat à la vie, sévices et injures graves.

Le divorce peut être demandé pour attentat à la vie, sévices ou injures graves.

L'action se prescrit par six mois à partir du jour où l'époux offensé a eu connaissance de la cause de divorce et, dans tous les cas, par cinq ans à partir de l'acte reprochable.

161.

III. Délit et atteinte à l'honneur.

Le divorce peut être demandé en tout temps, lorsque l'un des époux a commis un délit, ou porté par sa conduite une atteinte grave à son honneur, s'il résulte des circonstances que la vie commune serait insupportable à son conjoint.

162.

IV. Abandon.

Le divorce peut être demandé en tout temps, lorsque l'un des époux a quitté le domicile conjugal et n'y est pas, sans motif suffisant, rentré dans l'année.

Si la réconciliation des époux paraît possible, le juge

saisi de l'action sommera l'absent de rentrer au domicile conjugal, et ne prononcera son jugement qu'après une année à compter de l'introduction de la demande; la sommation sera faite trois fois, à intervalles convenables, le cas échéant par publications.

163.

Le divorce peut être demandé en tout temps pour cause de maladie mentale reconnue incurable, à dire d'experts, lorsqu'il s'est écoulé trois ans depuis le début de la maladie. V. Maladie mentale.

164.

Le divorce peut être demandé par les deux époux, lorsque le lien conjugal est si profondément atteint que la vie commune leur est devenue insupportable. VI. Causes indéterminées.

L'action pourra être intentée par un seul des époux, si la désunion est surtout imputable à l'autre.

165.

La demande tendra soit à la dissolution du lien conjugal par le divorce, soit à la séparation de corps. B. Action en divorce. I. Son objet.

166.

L'action en divorce d'un époux de nationalité suisse sera intentée, s'il est domicilié en Suisse, devant le tribunal de son domicile, et devant celui de son lieu d'origine s'il est domicilié à l'étranger. II. Compétence. 1. Demandeur suisse.

Toutefois le juge du lieu d'origine ne recevra l'action que si le demandeur établit qu'elle ne peut être intentée devant le tribunal du domicile.

167.

L'action en divorce d'un étranger domicilié en Suisse sera intentée devant le tribunal de son domicile. 2. Demandeur étranger.

Toutefois le juge ne recevra l'action que si le demandeur établit qu'elle ne peut être intentée devant le tribunal de son lieu d'origine et, en outre, que suivant les lois ou la jurisprudence du pays d'origine, la cause de divorce invoquée par le demandeur et la compétence des tribunaux suisses y sont reconnues.

168.

III. Mesures provisoires.

Le juge ordonnera, après l'introduction de la demande, les mesures provisoires nécessaires concernant la demeure et l'entretien de la femme, les biens matrimoniaux et les enfants.

169.

C. Jugement.
I. En général.
1. Devoir du juge.

Le juge est tenu, lorsque la cause de divorce est établie, de prononcer le divorce ou la séparation de corps.

170.

2. Divorce ou séparation de corps.

Le juge ne prononcera que la séparation de corps, si aucun des époux ne demande le divorce.

Lorsqu'une des parties conclut au divorce, la séparation de corps ne sera prononcée que si la réconciliation des époux paraît possible.

171.

3. Durée de la séparation de corps.

Le juge prononcera la séparation de corps soit pour un temps déterminé, de six mois à trois ans, soit pour un temps indéterminé.

La séparation cesse de plein droit après l'expiration du délai fixé; le juge peut toutefois prononcer le divorce à la demande de l'un des époux et sur nouvel examen de la cause.

Chacun des époux a également le droit, lorsque la séparation de corps prononcée pour un temps indéterminé aura duré trois ans et qu'une reconciliation ne sera pas intervenue, de provoquer, de la même manière, le divorce ou la fin de la séparation.

172.

La femme divorcée est maintenue dans sa condition mais reprend son nom de famille.

II. Nom de la femme divorcée.

173.

Le juge fixera, en prononçant le divorce pour cause d'adultère, un délai d'un an au moins, de trois ans au plus, pendant lequel la partie coupable ne pourra se remarier.

III. Délai d'attente, fixé par le juge.

174.

Le juge allouera à la partie en faveur de laquelle le divorce est prononcé une indemnité convenable, à titre de dommages-intérêts ou de satisfaction personnelle, lorsque ses intérêts présents ou futurs sont compromis par le divorce ou que les faits qui l'ont déterminé constituaient à son égard une offense grave.

IV. Indemnités.
1. Dommages-intérêts et satisfaction personnelle.

175.

Le juge peut accorder à celui qui tomberait dans le besoin par suite du divorce une pension alimentaire, proportionnée aux facultés de l'autre partie, même si la cause du divorce n'est pas imputable à cette dernière.

2. Pension alimentaire.

176.

L'époux créancier d'une rente viagère à titre de dommages-intérêts, de satisfaction personnelle ou d'aliments, cesse d'y avoir droit lorsqu'il contracte un nouveau mariage, et, en outre, si la créance est d'une pension alimentaire, dès qu'il ne se trouve plus dans le besoin.

3. Durée de la rente.

177.

Chacun des époux divorcés reprend ses biens apportés en mariage, quel qu'ait été le régime matrimonial.

Le bénéfice est réparti entre eux conformément aux règles de leur régime; le déficit est à la charge du mari, à

V. Liquidation des biens.
1. En cas de divorce.

moins que celui-ci n'établisse qu'il a été occasionné par la femme.

Les époux divorcés perdent tout droit à la succession l'un de l'autre, ainsi que tous les avantages qu'ils se sont faits par contrat de mariage, pacte successoral ou testament conjonctif.

178.

2. En cas de séparation de corps.

Le juge statuera, en cas de séparation de corps, sur la dissolution ou le maintien du régime matrimonial, en tenant compte de la durée de la séparation et de l'intérêt des conjoints.

En cas de séparation de corps prononcée pour un an ou plus, le juge ne pourra refuser la séparation de biens demandée par l'un des époux.

179.

VI. Droits paternels.
1. Appréciation du juge.

Le juge prendra, en cas de divorce ou de séparation de corps, les mesures nécessaires quant à l'exercice des droits paternels, après avoir entendu les père et mère et, le cas échéant, l'autorité tutélaire.

Celui des époux auquel les enfants ne sont pas confiés est tenu de subvenir, selon ses facultés, aux frais de leur entretien et de leur éducation.

Il a le droit de conserver avec eux les relations personnelles indiquées par les circonstances.

180.

2. Modifications ultérieures.

Le juge apporte à ces mesures, si l'autorité tutélaire ou l'un des époux le demande, les modifications commandées par des circonstances nouvelles, telles que le mariage, le départ, la mort d'un des époux.

181.

VII. Inscription à l'état civil.

Tout jugement de divorce passé en force de chose jugée sera communiqué aux officiers de l'état civil du lieu de la célébration du mariage et du lieu d'origine, qui l'inscriront immédiatement au registre, en marge de l'acte de mariage.

Titre cinquième.

Des effets du mariage.

Chapitre premier.

De l'union conjugale.

182.

La célébration du mariage crée l'union conjugale.

Les époux s'engagent mutuellement à assurer sa prospérité, ainsi que l'entretien et l'éducation des enfants.

Ils se doivent l'un à l'autre fidélité et assistance.

A. Droits et devoirs. I. Des deux époux.

183.

Le mari est le chef de l'union conjugale.

Il choisit la demeure commune et pourvoit, selon ses facultés, à l'entretien de la femme et des enfants.

II. Du mari.

184.

La femme porte le nom et suit la condition de son mari.

Elle l'assiste de ses conseils et de son activité en vue de la prospérité commune.

Elle dirige le ménage.

III. De la femme.

185.

Le mari représente l'union conjugale.

Il s'oblige personnellement par ses actes, quel que soit le régime matrimonial.

B. Représentation de l'union conjugale. I. Par le mari.

186.

La femme représente l'union conjugale pour les besoins courants du ménage.

Les mesures prises par le mari, à l'effet de restreindre ce droit, ne sont pas opposables aux tiers de bonne foi.

Le mari n'est pas tenu des actes que la femme accomplit en excédant évidemment son droit.

II. Par la femme. 1. Ses droits. a. En quoi ils consistent.

187.

b. Déchéance.

La femme qui abuse de son droit de représenter l'union conjugale, ou qui est incapable de l'exercer, peut en être déclarée déchue par le juge, à la requête du mari.

Cette mesure ne pourra être opposée aux tiers de bonne foi qu'après due publication par le juge.

188.

c. Révocation de la déchéance.

La femme sera réintégrée dans ses droits par le juge, à sa requête ou à celle du mari, lorsque les circonstances le permettront.

Cette mesure sera rendue publique de la même manière que la déchéance.

189.

2. Pouvoirs extraordinaires.

La femme ne peut exercer des pouvoirs plus étendus qu'avec le consentement exprès ou tacite du mari.

190.

C. Profession ou industrie de la femme.

La femme a le droit, quel que soit le régime matrimonial, d'exercer une profession ou une industrie, pourvu qu'il n'en résulte ni préjudice ni péril pour la prospérité commune.

Lorsque le mari en fait défense à la femme, le juge peut, à la requête de celle-ci, ordonner la mainlevée de cette défense, si elle ne lui paraît évidemment pas justifiée.

La défense du mari n'est opposable aux tiers de bonne foi qu'après due publication par le juge.

191.

D. Droit d'ester en justice.

La femme est, quel que soit le régime matrimonial, capable d'ester en justice.

Dans les contestations relatives aux apports de la femme, le mari seul a qualité pour agir comme demandeur ou défendeur.

192.

Lorsqu'un des époux ne remplit pas ses devoirs ou expose son conjoint à péril, honte ou dommage, la partie lésée peut requérir l'intervention du juge.

E. Mesures protectrices de l'union conjugale. I. En général.

Le juge prendra les mesures nécessaires pour sauvegarder les intérêts menacés, s'il ne parvient pas à ramener l'époux coupable à ses devoirs.

193.

Lorsque les intérêts de l'un des époux sont gravement compromis par la vie en commun, le juge peut la suspendre provisoirement.

II. Suspension de la vie commune.

Il fixera, le cas échéant, les indemnités d'entretien.

194.

Le juge pourra, lorsque le mari néglige ses devoirs envers sa femme et ses enfants et quel que soit le régime matrimonial, ordonner aux débiteurs des époux d'effectuer leurs paiements, en tout ou en partie, entre les mains de la femme.

III. Mesures à l'égard des débiteurs des époux.

195.

Les mesures ordonnées par le juge sont appliquées aussi longtemps qu'elles paraissent justifiées; elles seront rapportées, à la requête de l'un des époux, lorsque les circonstances qui les ont provoquées auront cessé.

IV. Durée des mesures judiciaires.

196.

Les conjoints ne pourront, durant le mariage, requérir l'exécution forcée l'un contre l'autre, sauf dans les cas prévus par la loi.

V. Exécution forcée. 1. En général.

197.

Lorsque des poursuites sont exercées contre un époux

2. Exceptions. a. En cas de poursuites exercées par un tiers.

par un tiers, le conjoint peut en requérir également, participer à la saisie ou intervenir dans la faillite.

198.

b. En cas d'insolvabilité d'un époux.

En cas d'insuffisance des biens d'un conjoint poursuivi par voie de saisie ou de faillite, l'exécution forcée pourra être requise en tout temps contre l'autre, à raison de ce qui est dû par celui-ci à l'époux insolvable.

199.

c. En cas de séparation de biens.

L'exécution forcée peut être requise en tout temps, lorsque cette mesure est indispensable pour procéder à la séparation de biens légale ou judiciaire.

Il en sera de même pour le recouvrement des contributions que les époux se doivent en vertu de décision judiciaire.

200.

F. Conventions entre époux.

Les époux peuvent contracter entre eux.

L'autorisation tutélaire est nécessaire pour la validité des actes que la femme ne pourrait faire avec des tiers sans le consentement du mari.

Chapitre II.

Du régime matrimonial.

201.

A. Régime conventionnel.

Les époux peuvent régler librement par contrat, avant ou après la célébration du mariage, leur régime matrimonial sous réserve des prescriptions de la loi.

Leur contrat doit être fondé sur l'un des trois régimes établis par la présente loi.

202.

B. Régime légal ordinaire.

A défaut de contrat ou de dispositions contraires résultant de la loi ou d'un jugement, les époux sont placés sous le régime légal.

Le régime légal est celui de l'union des biens.

203.

Lorsque les créanciers d'un époux déclaré en faillite subissent une perte, ou qu'une personne dont les créanciers ont obtenu un acte de défaut de biens vient à se marier avant de les avoir désintéressés, les époux sont placés de plein droit sous le régime de la séparation de biens.

C. Régime légal extraordinaire.
I. Séparation de biens légale.

204.

La séparation de biens sera prononcée par le juge, à la requête de la femme :

II. Séparation de biens judiciaire.
1. A la requête de la femme.

Lorsque le mari ne pourvoit pas suffisamment à l'entretien de l'épouse et des enfants ;

Lorsqu'il ne fournit pas les sûretés requises pour les biens de la femme ;

En cas d'insolvabilité du mari ou de la communauté ;

Lorsqu'une saisie infructueuse a été faite contre le mari.

205.

La séparation de biens sera prononcée à la requête du mari :

2. A la requête du mari.

En cas d'insolvabilité de la femme ;

Lorsque la femme refuse sans motif de donner à son mari l'autorisation dont il a besoin, en vertu de la loi ou du contrat, pour disposer des biens matrimoniaux ;

Lorsque la femme a demandé des sûretés pour ses apports ;

Lorsqu'une saisie infructueuse a été faite contre la femme.

206.

La séparation de biens sera prononcée à la requête du créancier qui a procédé contre l'un des époux à une saisie infructueuse.

3. A la requête des créanciers.

207.

La séparation de biens, pour cause de faillite, sort ses effets à partir de la délivrance des actes de défaut de biens, et, à compter de l'acquisition, pour les biens advenus aux

III. Date de la séparation de biens.

époux à titre de succession ou autrement après la saisie ou la déclaration de faillite.

Le jugement qui prononce la séparation de biens remonte, quant à ses effets, au jour de la demande.

La séparation de biens sera notifiée d'office pour être inscrite au registre des régimes matrimoniaux.

208.

IV. Révocation de la séparation de biens.

La séparation de biens, pour cause de faillite ou de saisie infructueuse, n'est point révoquée par le fait que l'époux a désintéressé ses créanciers.

Toutes conventions matrimoniales inscrites au registre et opposables aux tiers sont prohibées, tant que les créanciers n'ont pas été désintéressés.

209.

D. Modification du régime.
I. Garantie des créanciers.

Les liquidations et changements de régime matrimonial ne peuvent soustraire à l'action des créanciers d'un conjoint ou de la communauté, des biens qui leur étaient jusqu'alors affectés.

L'époux auquel ces biens ont passé est personnellement tenu de payer les dits créanciers, jusqu'à concurrence de la valeur des biens reçus, la preuve de l'insuffisance étant à sa charge.

210.

II. Liquidation en cas de séparation de biens.

Les époux séparés de biens reprennent, sous réserve des droits des créanciers, les biens entrés en mariage du chef de chacun d'eux.

Le bénéfice est réparti entre eux suivant les règles du précédent régime matrimonial; le déficit est à la charge du mari, à moins que celui-ci n'établisse qu'il a été occasionné par la femme.

La femme pourra exiger des sûretés, à raison de ses biens détenus par le mari pendant la liquidation.

211.

E. Changement de domicile.

Le régime constitué au premier domicile conjugal n'est point modifié par un changement de domicile.

Un régime matrimonial étranger n'est cependant opposable aux tiers qu'après avoir été inscrit au domicile conjugal en Suisse.

Le maintien du régime matrimonial des époux qui transportent leur domicile à l'étranger, dépend de la loi du nouveau domicile.

Chapitre III.

Des biens réservés.

212.

A. Leur constitution.

Les biens réservés sont constitués par contrat de mariage, par dispositions de tiers ou par la loi.

Les biens réservés que les époux se constituent autrement qu'en la forme du contrat de mariage ne sont pas considérés comme tels à l'égard des tiers.

Celui des époux qui attribue à un bien la qualité de bien réservé doit en faire la preuve.

213.

B. Biens réservés de par la loi.

Sont biens réservés de par la loi:

Les effets personnels à l'usage exclusif d'un des époux;

Les économies de la femme;

Les biens de la femme qui servent à l'exercice de sa profession ou de son industrie;

Le produit de son travail.

214.

C. Effets.

Les biens réservés sont soumis aux règles de la séparation de biens, notamment pour la contribution de la femme aux charges du mariage.

Chapitre IV.

Du Contrat de mariage.

215.

A. Capacité.

Ne peuvent faire, modifier ou révoquer un contrat de mariage que les personnes ayant l'exercice des droits civils; le mineur et l'interdit ont besoin à cet effet de l'autorisation de leur représentant légal.

S'il existe des enfants d'un précédent mariage, le contrat stipulant la communauté de biens ne sera valable qu'avec leur consentement ou, le cas échéant, celui de l'autorité tutélaire.

Les époux qui ont quitté l'étranger et fixé leur domicile en Suisse peuvent faire un contrat de mariage, même si cette faculté leur était refusée par la loi étrangère.

216.

B. Forme.
I. Eléments.

Le contrat de mariage sera reçu par un officier public et signé par les parties ou leur représentant légal, le cas échéant par les enfants issus du précédent mariage ou leur représentant légal, ainsi que par l'officier public; ces règles s'appliquent à la modification et à la révocation du contrat.

217.

II. Vices de forme.

Le contrat de mariage est nul, lorsqu'il n'a pas été reçu dans les formes d'un acte authentique ou qu'il n'est pas muni de la signature soit de l'un des conjoints ou de son représentant légal, soit de l'officier public.

Le contrat auquel manque la signature de l'enfant issu d'un précédent mariage ou l'approbation tutélaire peut être déclaré nul à son égard.

218.

C. Libéralités par contrat de mariage.

Les époux ne peuvent disposer par contrat de mariage, au préjudice de leurs descendants, de plus de la moitié des biens qu'ils laisseront à leur décès, et, sous le régime de la communauté universelle, de plus des trois quarts des biens communs existant à la même époque.

Chapitre V.

Du registre des régimes matrimoniaux.

219.

Les conventions matrimoniales, ainsi que les décisions judiciaires qui s'y rapportent, ne déploient d'effets pour ou contre les tiers, que moyennant inscription sur le registre à ce destiné et due publication. A. Effets de l'inscription.

Les héritiers des époux ne sont pas considérés comme des tiers.

220.

Ne seront inscrites au registre que les clauses intéressant les tiers. B. Inscription. I. Objet.

A moins que la loi n'en dispose autrement ou qu'il n'ait été stipulé que le contrat ne sera pas inscrit, l'inscription peut être requise par chacun des époux.

221.

L'inscription a lieu sur le registre du domicile du mari. II. Lieu de l'inscription.

Elle devra être renouvelée dans chaque arrondissement où le mari transportera son domicile.

L'inscription précédente devient de nul effet six mois après le changement de domicile.

222.

Le registre des régimes matrimoniaux est tenu par le préposé au registre du commerce, sauf le droit des Cantons d'en charger d'autres fonctionnaires et de créer des arrondissements particuliers. C. Tenue du registre.

Le registre est public; il sera délivré des extraits à quiconque en fera la demande.

Sont applicables à la publication des inscriptions les règles concernant le registre du commerce.

Titre sixième.

Des divers régimes matrimoniaux.

Chapitre premier.

De l'union des biens.

223.

A. Propriété.
I. Biens matrimoniaux.

Les biens que les époux possédaient au jour de la célébration du mariage et ceux qu'ils acquièrent par la suite, à titre de succession ou autrement, constituent, à l'exception des biens réservés, les biens matrimoniaux.

Le conjoint qui attribue à un bien la qualité d'apport de la femme doit en faire la preuve.

224.

II. Propriété des époux.

Chaque époux conserve la propriété de ses apports.

Les acquêts appartiennent au mari.

Les revenus de la femme, à partir de l'échéance, les fruits naturels de ses apports, à partir de la séparation, sont acquêts, sauf les règles concernant les biens réservés.

225.

III. Remploi.

Les biens acquis pendant le mariage, de deniers provenant des apports du mari ou de la femme, sont censés acquis en remploi, à moins que l'intention contraire ne résulte des circonstances.

226.

IV. Inventaire.
1. Confection et force probante.

Le mari et la femme peuvent demander, en tout temps, qu'il soit dressé inventaire authentique des apports.

L'inventaire fait pleine foi jusqu'à preuve du contraire, s'il a été dressé dans les six mois de l'apport et signé par les époux ou futurs époux, et, le cas échéant, par leurs représentants.

227.

Lorsque l'inventaire est accompagné d'une estimation, celle-ci fait règle pour les récompenses. 2. Estimation.

Le prix de vente fait règle, lorsque les apports ont été aliénés de bonne foi au-dessous de l'estimation.

On peut convenir, dans l'inventaire, que la plus-value ou la moins-value seront portées en augmentation du bénéfice ou du déficit.

228.

Le mari administre les biens matrimoniaux. B. Administration et jouissance. I. Administration.

Les charges courantes de l'administration incombent au mari.

La femme exerce les pouvoirs d'administration dans la mesure où elle a qualité de représenter l'union conjugale.

229.

Le mari a la jouissance des apports de la femme et encourt de ce chef la même responsabilité que l'usufruitier. II. Jouissance.

L'estimation à l'inventaire ne peut aggraver cette responsabilité.

L'argent de la femme et ses autres biens dont on ne peut faire usage sans les consommer appartiennent au mari, qui devient toutefois débiteur de leur valeur.

230.

Le mari ne peut, en dehors des actes de simple administration, disposer sans le consentement de la femme des apports dont il n'est pas le propriétaire. III. Droit de disposition. 1. Du mari. a. En règle générale.

Le consentement est présumé au profit des tiers, à moins qu'ils ne sachent qu'il a été refusé ou qu'il ne s'agisse de biens dont la provenance du chef de la femme est reconnaissable pour chacun.

231.

b. En cas de garantie des apports.

Le mari peut disposer librement des apports mobiliers de la femme, moyennant, à la demande de celle-ci ou de plein gré, lui fournir des sûretés complètes.

232.

2. De la femme.

La femme peut disposer librement des biens matrimoniaux, dans la mesure où elle a qualité de représenter l'union conjugale.

Dans les autres cas elle ne peut disposer, sans l'autorisation du mari, ni des biens matrimoniaux, ni même de ses apports.

Elle ne pourra accepter ni répudier une succession sans le consentement du mari ou, s'il le refuse, de l'autorité tutélaire.

233.

C. Garantie des apports de la femme.

La femme peut demander en tout temps à son mari des sûretés pour ses apports.

234.

D. Dettes.
I. Antérieures au mariage.

Les dettes du mari antérieures au mariage restent à sa charge.

Les dettes de la femme antérieures au mariage restent à sa charge, sans égard aux droits que le régime matrimonial confère au mari.

235.

II. Contractées pendant le mariage.
1. Responsabilité du mari.

Le mari est seul tenu de ses dettes nées pendant le mariage ou de celles contractées par la femme dans la mesure où elle a qualité de représenter l'union conjugale.

236.

2. Responsabilité de la femme.

La femme n'est tenue que sur ses biens réservés des dettes contractées par elle sans le consentement de son mari, ou celui de l'autorité tutélaire s'il s'agit d'actes passés avec le mari.

Elle est tenue personnellement sur tous ses biens de toutes autres dettes nées pendant le mariage, y compris celles résultant de l'exercice régulier d'une profession ou d'une industrie, et cela sans égard aux droits que le régime matrimonial confère au mari.

237.

Il est dû récompense par chacun des époux, à raison de ses dettes payées de deniers provenant des apports de l'autre; la récompense est exigible à la dissolution de l'union des biens, sauf les exceptions prévues par la loi. E. Récompenses. I. Exigibilité.

La récompense est exigible pendant le mariage, lorsque les dettes du mari ou les dettes grevant les apports de la femme ont été payées de deniers provenant des biens réservés de la femme, et lorsque les dettes grevant les biens réservés de celle-ci l'ont été de deniers provenant des apports de l'un ou l'autre des époux.

238.

La femme pourra réclamer, en cas de faillite du mari ou de saisie pratiquée contre lui, les récompenses qui lui sont dues à raison de ses apports non représentés. II. En cas de déconfiture du mari. 1. Liquidation.

Il sera fait compensation des créances du mari.

La femme reprend, à titre de propriétaire, ses apports existant en nature.

239.

La femme dont les droits ne sont pas remplis jusqu'à concurrence de la moitié, par la reprise de ses apports ou la liquidation de ses sûretés, obtient un privilège conformément à la loi sur la poursuite et la faillite, pour le restant de cette moitié. 2. Privilège.

Ce privilège ne peut être cédé.

240.

Au décès de la femme, ses apports sont dévolus à ses héritiers, sous réserve des droits de succession du mari. F. Dissolution de l'union des biens. I. Décès de la femme.

Le mari est tenu envers eux des indemnités dues à la femme, sous déduction de ce qu'il peut avoir à lui réclamer.

241.

II. Décès du mari.

Au décès du mari, la femme reprend ses apports et fait valoir ses récompenses contre les héritiers.

242.

III. Bénéfice et déficit.
1. Bénéfice.

Le bénéfice restant après tous prélèvements appartient au mari ou à ses héritiers.

Toutefois la femme ou ses descendants pourront en réclamer une part proportionnelle, si le bénéfice provient aussi du revenu des apports ou du travail de la femme.

243.

2. Déficit.

Le déficit est à la charge du mari ou de ses héritiers, à moins qu'il ne soit établi qu'il a été causé par la femme.

244.

3. Contestations.

A défaut de convention entre les époux, le juge statue librement sur les contestations touchant la part de la femme ou de ses héritiers dans le bénéfice ou le déficit.

Chapitre II.

De la communauté de biens.

245.

A. Communauté universelle.
I. Biens matrimoniaux.

La communauté universelle se compose de tous les biens et revenus du mari et de la femme; elle appartient indivisément aux deux époux.

Ni le mari, ni la femme ne pourront disposer de leur part.

Celui des époux qui prétend qu'un bien ne rentre pas dans la communauté, doit en faire la preuve.

246.

Le mari administre la communauté. II. Administration. 1. En général.

Les frais d'administration sont à la charge des biens communs.

La femme exerce les pouvoirs d'administration dans la mesure ou elle a qualité de représenter l'union conjugale.

247.

Ni le mari, ni la femme ne pourront, en dehors des actes de simple administration, disposer des biens de la communauté, sans le consentement préalable ou la ratification du conjoint. 2. Actes de disposition. a. En général.

Le consentement est présumé, au profit des tiers contractant avec le mari ou avec la femme, à moins qu'ils ne sachent qu'il a été refusé, ou qu'il ne s'agisse de biens dont la provenance du chef de la communauté est reconnaissable pour chacun.

248.

Ni le mari, ni la femme ne pourront accepter ou répudier une succession sans le consentement du conjoint ou, s'il le refuse, de l'autorité tutélaire. b. Acceptation et répudiation de successions.

249.

La communauté est tenue des dettes des époux antérieures au mariage. III. Dettes. 1. Antérieures au mariage.

Ces dettes n'en demeurent pas moins personnelles à l'époux débiteur.

250.

Le mari personnellement et la communauté sont tenus des dettes nées pendant le mariage, ou de celles contractées par la femme dans la mesure où elle a qualité de représenter l'union conjugale. 2. Contractées pendant le mariage. a. Dettes du mari.

251.

La femme n'est tenue que sur ses biens réservés des dettes contractées par elle sans le consentement de son mari, ou celui de l'autorité tutélaire s'il s'agit d'actes passés avec le mari. b. Dettes de la femme.

Elle est tenue personnellement, et la communauté avec

elle, de toutes ses autres dettes nées pendant le mariage, y compris celles résultant de l'exercice régulier d'une profession ou d'une industrie.

252.

c. Dettes de la communauté.

Le mari est tenu personnellement des dettes de la communauté.

253.

IV. Récompenses.

Il est dû récompense, à raison des dettes dont la femme est tenue personnellement et la communauté avec elle, ou dont le mari personnellement est seul tenu, lorsque ces dettes ont été payées de deniers communs; la récompense est exigible à la dissolution de la communauté.

La récompense due pour dettes communes payées de deniers provenant des biens réservés, ou pour dettes grevant les biens réservés payées de deniers communs, est exigible pendant le mariage.

254.

V. Dissolution de la communauté.
1. Partage.

Au décès d'un des époux, la moitié de la communauté est dévolue au conjoint survivant, et l'autre moitié, sous réserve des droits de succession de celui-ci, aux héritiers du défunt.

255.

2. Responsabilité du survivant.

Le mari survivant reste personnellement tenu de toutes les dettes de la communauté.

La femme survivante en est également tenue, à moins qu'elle ne répudie sa part.

Elle n'est tenue, en cas d'acceptation, que jusqu'à concurrence de son émolument.

256.

3. Prélèvement des apports.

Le conjoint survivant pourra demander que les biens entrés de son chef dans la communauté lui soient attribués par préférence, lors du partage.

257.

Le conjoint survivant pourra convenir avec les enfants issus du mariage que la communauté continuera.

B. Communauté prolongée.
I. Cas.

Cette convention sera soumise à l'approbation de l'autorité tutélaire, si les enfants sont mineurs.

258.

La communauté prolongée comprend, outre les biens qui la composaient, les revenus et les gains des parties, à l'exception des biens réservés.

II. Biens de communauté.

Les biens acquis par le conjoint survivant ou les enfants à titre de succession, de legs ou de donation, sont biens réservés, sauf disposition contraire.

L'exécution forcée est exclue entre les membres de la communauté, de la même manière qu'entre époux.

259.

La communauté prolongée est administrée et représentée par le conjoint survivant, si les enfants sont mineurs.

III. Administration et représentation.

Il en sera de même, sauf stipulation contraire, lorsqu'ils sont majeurs.

260.

L'époux survivant peut en tout temps dissoudre la communauté prolongée.

IV. Dissolution.
1. Par les intéressés.

Les enfants pourront en sortir individuellement ou collectivement.

S'ils sont mineurs, le consentement de l'autorité tutélaire leur est nécessaire.

261.

La communauté prolongée est dissoute de plein droit :

2. De par la loi.

Par le décès, ou par le nouveau mariage du conjoint survivant ;

Par la faillite de celui-ci ou des enfants.

En cas de faillite d'un seul des enfants, les autres intéressés pourront l'exclure en liquidant ses droits.

262.

3. Par jugement.

Le créancier auquel un acte de défaut de biens a été délivré après saisie, contre l'époux ou contre un enfant, peut demander au juge la dissolution de la communauté.

Si la demande est formée par le créancier d'un enfant, les autres intéressés pourront exclure ce dernier en liquidant ses droits.

263.

4. Par suite de mariage ou décès d'un enfant.

Lorsqu'un enfant se marie, les autres intéressés peuvent l'exclure en liquidant ses droits.

Lorsqu'un enfant meurt, ils peuvent exclure ses descendants en liquidant les droits de ces derniers.

La part de l'enfant décédé sans postérité est acquise à la communauté.

264.

5. Partage.

Le partage de la communauté et la liquidation des droits de l'enfant exclu portent sur les biens existant au moment de la dissolution.

Le survivant des père et mère conserve ses droits successifs sur les parts des enfants.

La liquidation ni le partage ne doivent avoir lieu à contre-temps.

265.

C. Communauté réduite. I. Avec stipulation de séparation de biens.

Les époux peuvent modifier la communauté, en stipulant que certains biens ou certaines espèces de biens, notamment es immeubles, en seront exclus ; les biens exclus sont soumis aux règles de la séparation de biens.

266.

II. Avec stipulation d'union des biens.

Les époux peuvent stipuler que les biens exclus seront soumis aux règles de l'union des biens.

Cette convention sera présumée, lorsque la femme aura abandonné au mari l'administration et la jouissance de ses biens.

267.

III. Communauté réduite aux acquêts. 1. En quoi elle consiste.

Les époux peuvent également stipuler que la communauté sera réduite aux acquêts.

Les biens acquis pendant le mariage, sauf ceux acquis en remploi, forment les acquêts et sont soumis aux règles de la communauté.

Les apports de chacun des époux et les biens qui leur échoient pendant le mariage sont soumis aux règles de l'union des biens.

268.

2. Partage.

Le bénéfice existant lors de la dissolution de la communauté appartient par moitié à chacun des conjoints ou à ses héritiers.

Le déficit est à la charge du mari; la femme, ou ses héritiers, sera tenue d'indemniser les créanciers du mari de la moitié de leur perte, mais jusqu'à concurrence seulement de la moitié de ses apports.

On pourra stipuler que la femme ne sera pas tenue du déficit.

Chapitre III.

De la séparation de biens.

269.

A. Conditions.

La séparation de biens légale ou judiciaire s'applique à tous les biens des époux.

Il en est de même de la séparation conventionnelle, sauf clause contraire du contrat de mariage.

270.

B. Administration, disposition et jouissance. I. En général.

Chacun des époux conserve l'administration ainsi que la jouissance de ses biens; il en dispose librement.

271.

II. Administration du mari.
1. Conditions.

Lorsque la femme ne veut pas administrer elle-même, le mari peut exiger quelle lui remette la gestion de ses biens, à charge par lui de fournir des sûretés.

Si le mari n'en fait pas la demande ou s'il ne fournit pas les sûretés, elle pourra remettre la gestion à un tiers.

272.

2. Compte.

La femme qui remet l'administration de ses biens à son mari est présumée renoncer à lui en demander compte pendant le mariage, et lui abandonner la totalité des revenus pour les charges du mariage.

273.

C. Dettes.

Le mari est tenu personnellement de ses dettes antérieures au mariage et des dettes contractées, pendant le mariage, soit par lui-même, soit par la femme dans la mesure où elle a qualité de représenter l'union conjugale.

La femme est tenue de ses dettes antérieures au mariage et de celles qu'elle contracte pendant le mariage.

Elle est tenue, en cas d'insolvabilité du mari, des dettes contractées par lui ou par elle-même pour leur entretien et celui des enfants.

274.

D. Revenus et gains.

Les revenus et les gains d'un époux lui appartiennent.

275.

E. Contributions de la femme.
1. Pour le ménage.

La femme doit contribuer aux charges du mariage sur ses revenus et ses gains, si le mari l'exige.

En cas de dissentiment au sujet de cette contribution, les époux peuvent demander qu'elle soit fixée par le juge.

Le mari n'est tenu à aucune restitution.

276.

Les biens abandonnés au mari comme contribution aux charges du mariage sont soumis, sauf stipulation contraire, aux règles de l'union des biens. II. Dot.

Deuxième partie.

Des parents.

Titre septième.

Des enfants légitimes.

Chapitre premier.

De la filiation légitime.

277.

A. Présomption de légitimité.

L'enfant né pendant le mariage ou dans les trois cents jours après la dissolution du mariage a pour père le mari.

L'enfant né après les trois cents jours n'est pas présumé légitime.

278.

B. Désaveu. I. Du père. 1. Délais.

Le mari pourra désavouer l'enfant dans le délai de trois mois, à partir du jour où il a connu le fait de la naissance et pu se rendre compte, d'après la conformation du nouveau-né, de la durée de la grossesse.

L'action sera intentée contre l'enfant et contre la mère.

279.

2. Conception pendant le mariage.

Le mari ne pourra désavouer l'enfant né cent quatre-vingts jours après le mariage, qu'en établissant qu'il ne peut en être le père.

280.

3. Conception antérieure au mariage.

Lorsqu'il résulte de la conformation de l'enfant qu'il ne peut avoir été conçu pendant le mariage, ou lorsqu'au moment de la conception les époux vivaient séparés en vertu d'une décision du juge, le mari n'a pas à faire d'autre preuve pour désavouer l'enfant.

Toutefois la légitimité de l'enfant sera admise, s'il paraît établi que le mari a cohabité avec sa femme à l'époque de la conception.

281.

II. D'autres intéressés.

Les cohéritiers de l'enfant ou ceux qu'il précède dans l'ordre des successions pourront intenter pareillement l'action en désaveu dans un même délai de trois mois, lorsque le mari est mort ou a été frappé d'incapacité naturelle avant l'expiration du délai, lorsque son domicile est inconnu ou que, pour toute autre cause, il ne peut lui être donné avis de la naissance.

282.

C. Déchéance.

Lorsque le mari a reconnu sa paternité expressément ou tacitement, ou que le délai est périmé, l'action ne sera recevable que si le demandeur établit qu'il a été induit frauduleusement, soit à reconnaître l'enfant, soit à ne pas le désavouer.

L'action pourra toutefois, en cas de retard dûment justifié, être intentée après l'expiration du délai.

Chapitre II.

De la légitimation.

283.

A. Par mariage subséquent.
I. Conditions.

L'enfant né hors mariage est légitimé de plein droit par le mariage de ses père et mère.

284.

II. Déclaration et inscription.

Les père et mère sont tenus de déclarer, lors de la célébration du mariage ou immédiatement après, à l'officier de l'état civil de leur domicile ou du lieu de la célébration, les enfants qu'ils ont eus ensemble avant le mariage.

Les enfants sont légitimés, nonobstant l'omission de cette déclaration.

285.

B. Par autorité de justice.

L'enfant de père et mère qui se sont promis le mariage mais qui n'ont pu le célébrer, par suite du décès de l'un d'eux ou de perte de la capacité, sera légitimé par déclaration du juge, à la requête de l'autre fiancé ou de l'enfant.

La demande ne pourra être formée sans le consentement de l'enfant, s'il est majeur.

286.

C. Oppositions.

La légitimation pourra être attaquée par les héritiers des père et mère et par la commune d'origine, dans le mois à partir du jour où ils en ont eu connaissance, pour le motif que l'enfant n'est pas issu de ses prétendus parents.

287.

D. Effets.

L'enfant légitimé aura les mêmes droits envers ses père et mère et leurs parents que s'il était né du mariage ; s'il est prédécédé, la légitimation profite à ses descendants légitimes.

La légitimation sera communiquée aux officiers de l'état civil du lieu de la naissance et du lieu d'origine des père et mère.

288.

E. Effet de la nationalité.

Les effets de la légitimation ne se déploieront à l'égard d'un enfant régi par le droit étranger, que si elle est reconnue par la loi d'origine.

Les étrangers domiciliés en Suisse ne peuvent obtenir pour leurs enfants le bénéfice de la légitimation, qu'à la condition de prouver qu'elle est reconnue par leur loi d'origine.

Chapitre III.

De l'adoption.

289.

A. Conditions.
I. Pour l'adoptant.

L'adoption est permise aux personnes âgées de plus de

quarante ans, qui n'ont pas de descendants et qui ont au moins dix-huit ans de plus que celui qu'elles se proposent d'adopter.

290.

II. Pour l'adopté.

L'adoption n'a lieu qu'avec le consentement de l'adopté.

Lorsque l'adopté est mineur ou interdit, ses père et mère ou le tuteur, ainsi que lui-même s'il n'est pas en état d'incapacité naturelle, devront déclarer qu'ils consentent à l'adoption.

291.

III. En cas d'adoptant ou d'adopté mariés.

Nul époux ne peut adopter ou être adopté sans le consentement de l'autre.

L'adoption peut être faite par deux époux conjointement.

292.

B. Forme de l'adoption.

L'adoption sera déclarée à l'officier de l'état civil du domicile de l'adoptant, après que les parties auront passé acte de leur consentement réciproque et obtenu l'autorisation du gouvernement cantonal.

Elle sera inscrite au registre des naissances, et signée séance tenante par les parties et par l'officier de l'état civil.

Elle sera mentionnée également en marge de l'inscription de naissance, sur les registres du domicile et du lieu d'origine de l'adopté.

293.

C. Effets.

L'adopté porte le nom de famille de l'adoptant et devient son héritier; il conserve ses droits dans sa famille naturelle.

Les droits et devoirs paternels passent à l'adoptant.

On pourra, antérieurement à l'adoption, déroger par convention aux règles de la loi concernant les successions et les droits des parents sur les biens de leurs enfants.

294.

D. Révocation.

L'adoption peut être révoquée en tout temps d'un commun accord; la déclaration en sera faite à l'officier de l'état civil, qui l'inscrira de la même manière que l'adoption.

La révocation pourra être prononcée par le juge, pour

de justes motifs, à la requête de l'adoptant ou de l'adopté.
L'adoption est de nul effet à partir de la révocation.

295.

E. Effet de la nationalité.

L'adoption faite au profit d'un enfant régi par le droit étranger ou par un étranger domicilié en Suisse est soumise aux règles établies pour la légitimation.

Chapitre IV.

Des effets généraux de la légitimité.

296.

A. Nom et condition.

L'enfant légitime porte le nom de son père et suit sa condition.

297.

B. Devoirs réciproques en général.

Les père et mère et les enfants se doivent mutuellement l'assistance et les égards que le lien du sang leur impose.

298.

C. Charges d'entretien et d'éducation.

Les père et mère supportent les frais d'entretien et d'éducation des enfants jusqu'à la majorité, suivant leur régime matrimonial.

L'autorité tutélaire pourra leur permettre, lorsqu'ils sont dans le besoin, ou que l'entretien et l'éducation des enfants occasionnent des dépenses extraordinaires, ou pour d'autres causes majeures, de prélever, sur les biens des enfants mineurs, les contributions qu'elle fixera pour subvenir à ces charges.

Chapitre V.

De la puissance paternelle.

299.

A. En général.
I. Conditions.

L'enfant est soumis, jusqu'à sa majorité, à la puissance de ses père et mère et ne peut leur être soustrait.

Les enfants interdits sont également sous puissance paternelle, à moins que l'autorité compétente n'ait des motifs suffisants de leur nommer un tuteur.

300.

II. Exercice.

Les père et mère partagent la puissance paternelle; elle est exercée par le père comme chef de la famille, par la mère dans la sphère de ses attributions légales.

En cas de dissolution du mariage, la puissance paternelle appartient au survivant ou à celui auquel les enfants ont été confiés.

301.

B. Droits et devoirs.
I. Education.

Les père et mère ont le devoir d'élever l'enfant selon leurs facultés et leur état.

L'enfant doit à ses père et mère obéissance et respect.

302.

II. Instruction professionnelle.

Les père et mère pourvoient à l'instruction professionnelle de l'enfant.

Ils tiendront compte, autant que possible, de ses forces et de ses aptitudes.

303.

III. Confession.

Les père et mère décident de l'éducation religieuse de l'enfant.

Sont nulles toutes conventions qui limiteraient leur liberté à cet égard.

L'enfant âgé de seize ans révolus a le droit de choisir librement sa confession.

304.

IV. Mariage.

L'enfant soumis à la puissance paternelle ne peut se marier sans le consentement du père et de la mère.

Le consentement du père ou de la mère suffit, lorsqu'un seul d'entre eux a la puissance paternelle lors de la publication du mariage.

305.

V. Prénoms.

Les père et mère décident du prénom de l'enfant.

L'officier de l'état civil refusera d'inscrire les prénoms inconvenants.

Les prénoms ne pourront être changés à l'état civil sans le consentement de l'autorité de surveillance.

306.

VI. Correction.

Les père et mère ont le droit de correction envers leurs enfants.

307.

VII. Représentation. 1. A l'égard des tiers. a. Père et mère.

Les père et mère sont, dans la mesure où chacun d'eux exerce la puissance paternelle, les représentants légaux de leurs enfants à l'égard des tiers.

308.

b. Capacité civile de l'enfant.

L'enfant soumis à la puissance paternelle est assimilé, quant à sa capacité civile, au mineur sous tutelle.

Il est tenu sur ses propres biens des actes qui l'obligent, sans égard aux droits des père et mère sur ces biens.

309.

2. A l'égard de la famille. a. Actes des enfants.

L'enfant soumis à la puissance paternelle n'engage que ses père et mère, suivant leur régime matrimonial, lorsqu'il n'est pas en état d'incapacité naturelle et que, de leur consentement, il agit pour la famille.

310.

b. Conventions entre père et mère et enfants.

Ne pourra être faite aucune convention entre père ou mère et enfants, ou entre enfants et tiers au profit des père ou mère, lorsque l'enfant y contracte des engagements sans l'assistance d'un curateur nommé par l'autorité tutélaire pour le représenter.

311.

C. Intervention de l'autorité tutélaire. I. Mesures protectrices.

L'autorité tutélaire est tenue, lorsque les père et mère ne remplissent pas leurs devoirs, de prendre les mesures nécessaires pour remédier aux abus et empêcher qu'ils ne se renouvellent.

312.

L'enfant qui, par méchanceté, oppose aux ordres de ses père et mère une résistance opiniâtre, ou qui est moralement abandonné, pourra être placé temporairement, avec le consentement de l'autorité tutélaire, dans une maison de correction, lorsque cette mesure paraîtra nécessaire.

II. Détention dans une maison de correction.

L'autorité tutélaire pourra la prescrire de son chef.

Les frais de la détention seront supportés par l'assistance publique, en cas d'insuffisance des biens des père et mère et de l'enfant.

313.

Les père et mère incapables d'exercer la puissance paternelle, frappés d'interdiction, coupables d'abus d'autorité ou de négligences graves, seront déclarés déchus de la puissance paternelle par l'autorité tutélaire, lorsque ses remontrances demeurent sans résultat.

III. Déchéance de la puissance paternelle.
1. Pour cause d'abus.
a. Compétence.

Si le père est déchu de la puissance paternelle et que l'autorité tutélaire ne puisse être laissée à la mère, un tuteur sera nommé à l'enfant.

314.

Les père et mère pourront recourir en justice, dans le mois, contre la déclaration de déchéance.

b. Recours.

La déchéance sortira ses effets pendant l'instance.

315.

Lorsque la mère exerçant la puissance paternelle contracte un nouveau mariage, un tuteur sera nommé à l'enfant.

2. Pour cause de second mariage.

316.

L'autorité tutélaire pourra, d'office ou à la requête de l'un d'eux, rétablir les père et mère dans l'exercice de la puissance paternelle lorsque la cause de la déchéance aura disparu.

3. Restitution.

317.

IV. Continuation des devoirs des père et mère.

Les père et mère déchus de la puissance paternelle restent tenus des frais d'entretien et d'éducation de l'enfant.

En cas d'insuffisance des biens des père et mère et de l'enfant, ces frais seront supportés par l'assistance publique.

Chapitre VI.

Des droits des père et mère sur les biens de leurs enfants.

318.

A. Administration des biens des enfants. I. Droits et devoirs des père et mère

Les père et mère administrent les biens de leurs enfants, aussi longtemps qu'ils possèdent la puissance paternelle.

Ils n'ont, dans la règle, ni à rendre compte, ni à fournir des sûretés.

L'époux qui, lors de la dissolution du mariage, conserve la puissance paternelle est tenu de remettre sans retard à l'autorité tutélaire un inventaire des biens des enfants et de lui signaler les modifications notables qui pourront survenir.

319.

II. Concours de l'enfant.

L'enfant qui n'est pas en état d'incapacité naturelle sera consulté pour tout acte important d'administration.

L'assentiment de l'enfant ne décharge point les père et mère de leur responsabilité.

320.

B. Jouissance. I. Conditions.

Les père et mère ont la jouissance des biens de l'enfant jusqu'à sa majorité, à moins que, par leur faute, ils n'aient été déclarés déchus de la puissance paternelle.

321.

II. Emploi des revenus

Les revenus des biens seront employés, en premier lieu, à l'entretien et à l'éducation des enfants; le surplus profite au mari, à la femme ou à la communauté, dans la mesure où leurs biens sont directement grevés des charges de la famille.

322.

C. Biens libérés.
I. De la jouissance.

La jouissance ne s'étend pas aux dons ou legs que l'enfant reçoit à destination d'épargne, ou sous la condition expresse que les père et mère n'en jouiront pas; ces biens sont néanmoins placés sous leur administration.

323.

II. De l'administration et de la jouissance.
1. Produit du travail.

Le produit du travail de l'enfant appartient aux père et mère aussi longtemps qu'il habite avec eux.

L'enfant en dispose librement, lorsqu'il vit hors de la famille avec leur consentement.

324.

2. Fonds professionnel.

L'enfant a l'administration et la jouissance de ceux de ses biens qui lui sont abandonnés pour l'exercice de sa profession ou de son industrie.

325.

D. Intervention de l'autorité.
I. Mesures de sûreté.

Lorsque les père et mère abusent de leurs droits sur les biens des enfants, l'autorité tutélaire prend les mesures nécessaires pour remédier aux abus et empêcher qu'ils ne se renouvellent.

Si les biens de l'enfant sont compromis par l'administration des père et mère, l'autorité tutélaire pourra soumettre ceux-ci à la surveillance qu'elle exerce sur les tuteurs ou leur demander des sûretés.

326.

II. Droits des père et mère déchus de la puissance paternelle.

Les père et mère ne peuvent être privés de leurs droits sur les biens de leurs enfants qu'en cas de déchéance de la puissance paternelle.

Toutefois les père et mère déchus, sans leur faute, de la puissance paternelle conservent la jouissance des biens de l'enfant, déduction faite des frais d'entretien et d'éducation.

327.

E. Cessation de l'administration et responsabilité. I. Restitution.

Lorsque l'administration des père et mère vient à cesser, les biens sont remis aux enfants, le cas échéant à leur tuteur.

328.

II. Responsabilité.

Les règles de l'usufruit sont applicables à la restitution des biens des enfants.

Les père et mère ne sont tenus que du prix de vente des biens aliénés de bonne foi.

Ils ne doivent pas d'indemnité à raison des dépenses qu'ils étaient en droit de faire pour l'enfant.

329.

III. Privilège des enfants.

La créance de l'enfant sur ses père et mère poursuivis par voie de saisie ou de faillite est privilégiée conformément aux dispositions de la loi sur la poursuite et la faillite.

Titre huitième.

De la filiation illégitime.

330.

A. En général.

La filiation illégitime résulte, à l'égard de la mère, du seul fait de la naissance.

A l'égard du père, elle résultera d'une reconnaissance ou d'un jugement.

331.

B. Reconnaissance. I. Conditions et forme.

L'enfant naturel peut être reconnu par son père ou, en cas de décès ou d'incapacité civile permanente, par un ascendant du père.

La reconnaissance a lieu par déclaration à l'officier de l'état civil du domicile du père ou de son ascendant, par acte authentique ou par disposition de dernière volonté.

332.

La mère, l'enfant, ou ses descendants après sa mort, pourront former opposition à l'office de l'état civil contre la reconnaissance, dans le mois de la communication ou de la publication de cet acte.

II. Révocation.
1. Opposition de la mère ou de l'enfant.

L'officier de l'état civil portera l'opposition à la connaissance du père et celui-ci pourra faire valoir ses droits en justice dans le délai d'un mois.

Le juge peut annuler la reconnaissance d'un enfant âgé d'au moins dix ans, dès qu'elle est évidemment contraire à ses intérêts.

333.

Tout intéressé peut attaquer la reconnaissance, en établissant que celui qui a reconnu ne peut être le père ou l'ascendant de l'enfant.

2. Opposition de tiers.

334.

La mère peut rechercher en justice le père de son enfant naturel non reconnu.

C. Action en paternité.
I. Droit de l'intenter.

L'enfant a la même action.

335.

L'action sera intentée dans les trois mois à partir de la naissance de l'enfant.

II. Délai.

Elle ne pourra l'être, après ce délai, qu'en cas de retard dûment justifié.

336.

Lorsque le père vient à mourir avant l'expiration des trois mois ou pendant l'instance, l'action pourra être intentée ou continuée dans le même délai contre ses héritiers, pourvu qu'il soit établi que le père avait promis le mariage à la mère ou fait l'aveu de sa paternité.

III. Action contre les héritiers.

337.

IV. Objet de l'action.

L'action tendra soit à des prestations pécuniaires, soit en même temps à la déclaration de paternité avec ses conséquences d'état civil.

338.

V. Procédure.
1. Lois cantonales.

L'action en paternité sera instruite conformément à la procédure cantonale, sous réserve des dispositions de la présente loi sur la compétence des tribunaux et l'admissibilité d'exceptions.

339.

2. Compétence.
a. En général.

L'action en paternité pourra être intentée en Suisse, lorsque la mère, l'enfant naturel ou le défendeur y ont leur domicile.

Elle est portée devant le juge du domicile de l'une ou l'autre des parties.

340.

b. En cas d'action en déclaration de paternité.

L'action en déclaration de paternité sera communiquée par le juge à la commune d'origine du défendeur, avec assignation pour la conservation de ses droits.

341.

c. En cas d'action en indemnité.

L'action tendant exclusivement à des prestations pécuniaires sera toujours intentée devant le juge du domicile du défendeur, lorsque celui-ci est domicilié en Suisse.

342.

d. Mère suisse à l'étranger.

L'action non recevable à l'étranger pourra être intentée devant le juge du lieu d'origine du défendeur, lorsque les parties sont de nationalité suisse et que ni elles ni l'enfant ne possèdent de domicile en Suisse.

343.

3. Présomption.

La paternité est présumée lorsqu'il est établi que, du trois centième au cent quatre-vingtième jour avant la naissance, le défendeur a cohabité avec la mère de l'enfant.

344.

VI. Jugement.
1. Indemnités.
a. Nature et importance.

Le défendeur dont la paternité est établie sera condamné à des prestations pécuniaires envers la mère et l'enfant.

Elles comprendront une indemnité à raison de l'accouchement, et, s'il y a lieu, à raison du tort grave causé à la mère par le défendeur; en outre, la pension alimentaire de l'enfant.

L'indemnité que la loi reconnaît à la mère lui est due à lors même que l'enfant serait mort-né ou décédé avant le jugement.

345.

b. Pension alimentaire.

On tiendra compte, pour la pension alimentaire, des ressources de la mère, ainsi que de la fortune et des espérances du défendeur.

La pension alimentaire est payable par trimestre et d'avance, jusqu'à la majorité de l'enfant.

Le jugement peut réserver que cette pension cessera lorsque l'enfant se sera créé des ressources suffisantes.

346.

c. Obligation des héritiers du père.

Les héritiers du père sont tenus de la pension alimentaire envers l'enfant naturel qui ne lui succède pas, jusqu'à concurrence seulement de la part que l'enfant aurait eue comme héritier du défunt.

347.

2. Déclaration de paternité.

Le juge ne peut déclarer la paternité du défendeur que si ce dernier a promis le mariage à la mère, ou si elle a été victime d'un acte criminel ou d'un abus d'autorité de la part du défendeur.

348.

3. Mère mariée.

Lorsque la mère était mariée à l'époque de la conception, l'action en paternité ne sera recevable qu'après le désaveu, prononcé en justice, de l'enfant dont elle est accouchée.

349.

4. Mère de mœurs déréglées.

L'action en paternité sera rejetée lorsque la mère menait mauvaise vie à l'époque de la conception.

350.

D. Effet de la filiation illégitime.
I. A l'égard de la mère.

L'enfant naturel qui reste à la mère porte son nom, suit sa condition et a, dans sa famille, les droits résultant de la filiation illégitime.

La mère exerce la puissance paternelle, à moins que l'autorité tutélaire ne donne un tuteur à l'enfant.

351.

II. A l'égard du père.

L'enfant dont la filiation paternelle résulte d'une reconnaissance ou d'un jugement porte le nom de famille de son père, suit sa condition et a, dans la famille tant du père que de la mère, les droits résultant de la filiation illégitime.

Le père exercera la puissance paternelle, à moins que l'autorité tutélaire ne laisse l'enfant à la mère ou ne lui donne un tuteur.

352.

E. Effet de la nationalité.

La reconnaissance et la déclaration de paternité sont, lorsqu'il s'agit d'un père étranger, soumises aux règles concernant la légitimation.

353.

F. Inscriptions à l'état civil.

La reconnaissance et la déclaration de paternité seront communiquées aux officiers de l'état civil du lieu de naissance de l'enfant et du lieu d'origine des père et mère.

Titre neuvième.

De la famille.

Chapitre premier.

De l'assistance.

354.

Les parents et alliés en ligne directe ascendante et descendante d'un individu exposé à tomber à la charge de l'assistance publique, lui doivent des aliments dans la proportion de ses besoins et de leurs ressources. A. Conditions.

Les frères et sœurs particulièrement aisés pourront être mis à contribution.

355.

L'enfant trouvé sera entretenu par la commune dans laquelle il a été incorporé. B. Entretien des enfants trouvés.

Lorsque son origine vient à être constatée, ses père et mère, puis ses ascendants, et, en dernier lieu, sa nouvelle commune seront tenus de rembourser les dépenses faites pour son entretien.

356.

La demande d'aliments sera introduite, d'office ou à la requête de l'indigent, par l'autorité tenue d'assister celui-ci. C. Demande d'aliments.

Chapitre II.

De l'autorité domestique.

357.

Les parents et alliés faisant ménage commun se trouvent placés, même s'ils sont majeurs, sous l'autorité de celui qui A. Etendue.

est désigné comme chef de la famille par la loi, la convention ou la tradition.

Sont également placées sous l'autorité domestique les personnes qui font partie de la famille en vertu d'un contrat, telles que les pupilles, les gens de service, les apprentis, les ouvriers.

358.

B. Effets.
I. Ordre intérieur.
1. En général.

Le chef de la famille pourvoit d'une façon convenable à l'habitation et à l'entretien des personnes placées sous son autorité, et prend les mesures commandées par la vie en commun.

Ces personnes doivent de leur côté les services qui, dans l'usage, sont à la charge des membres de la famille.

Le chef de la famille leur accordera la liberté qui leur est nécessaire ou que leur garantissent la convention ou la loi, en vue de leur éducation et de leur profession ou pour accomplir leurs devoirs religieux.

Il veille à la conservation et à la sûreté de leurs effets, avec le même soin que pour les siens propres.

359.

2. Responsabilité.

Le chef de la famille est responsable du dommage causé par les mineurs et interdits, à moins qu'il ne justifie les avoir surveillés de la manière usitée et avec l'attention commandée par les circonstances.

Il est tenu de pourvoir, sous sa responsabilité personnelle, à ce que les membres de la famille, atteints de maladies mentales ou faibles d'esprit, ne s'exposent ou n'exposent autrui à péril ou dommage.

Il devra au besoin s'adresser à l'autorité, à l'effet de provoquer les mesures nécessaires.

360.

II. Devoir d'obéissance.
1. Conditions.

Le conjoint, les enfants sous puissance paternelle et les pupilles sont soumis à l'autorité du chef de la famille, tant que subsiste la cause de leur dépendance; les autres, aussi longtemps qu'ils restent dans la famille.

361.

2. Discipline.

Le chef de la famille possède envers les mineurs et interdits, dont la dépendance résulte de rapports de parenté ou de tutelle, le même droit de correction que les père et mère à l'égard de leurs enfants.

Lorsqu'un autre membre de la famille trouble l'ordre intérieur, on ne pourra lui appliquer que les mesures autorisées par les conventions.

Chapitre III.

Des biens de famille.

362.

A. Fondations et fidéicommis.
I. Conditions.

On pourra créer, par fondation ou par fidéicommis, des fonds de famille aux conditions prévues par le droit des personnes ou des successions.

Les Cantons sont autorisés à restreindre ou à prohiber ces fondations et fidéicommis.

363.

II. Extinction de la famille.

Les biens de fondation et de fidéicommis sont dévolus, lors du décès du dernier survivant de la famille, au Canton d'origine du fondateur et leur destination, lorsqu'elle était analogue à celle d'un service public, sera conservée autant que possible.

Toutes dispositions contraires sont nulles.

364.

III. Insolvabilité.

Lorsqu'une fondation a été créée en vue de la prospérité des membres de la famille, et qu'un de ceux-ci devient insolvable, ses créanciers peuvent demander qu'elle soit dissoute.

Les biens sont partagés par tête entre les ayants droit au jour de la dissolution, à moins que le fondateur n'en ait disposé autrement.

Les créanciers ne peuvent demander la dissolution des fondations de famille qui n'ont pas un but proprement économique.

365.

B. Indivision.
I. Constitution.
1. Conditions.

La création de fonds de famille peut émaner de parents qui conviennent de laisser dans l'indivision un héritage commun, ou d'y mettre d'autres biens.

366.

2. Forme.

L'indivision sera constituée, sous peine de nullité, par un acte authentique, portant la signature de tous les indivis ou de leurs représentants.

Elle ne sera opposable aux tiers qu'après inscription au registre du commerce.

367.

II. Durée.

L'indivision est constituée à terme ou pour un temps indéterminé.

Elle pourra, dans ce dernier cas, être dénoncée par chaque ayant droit moyennant avertissement préalable de six mois.

S'il s'agit d'une exploitation agricole, la dénonciation peut n'être acceptée que pour la Saint-Martin.

368.

III. Effets.
1. Exploitation commune.

Les membres de l'indivision l'exploitent, dans la règle, en commun.

Leurs droits sont présumés égaux.

Les indivis ne pourront, avant la dissolution, ni demander leu rpart, ni en disposer.

369.

L'indivision sera administrée en commun par les ayants droit. 2. Direction et représentation. a. En général

On pourra stipuler, dans l'acte constitutif, qu'elle sera représentée par l'un d'eux comme chef de l'indivision.

370.

Le chef de l'indivision la représente dans tous les actes qui la concernent et dirige l'exploitation. b. Compétences du chef de l'indivision.

Lorsque celle-ci est confiée à tous les ayants droit, chacun d'eux pourra, sans la participation des autres, faire les actes de simple administration.

371.

L'indivision se compose de l'héritage commun ou des biens mis en indivision. 3. Biens communs et biens réservés.

Les autres biens d'un ayant droit et ceux qu'il acquiert pendant l'indivision, à titre de succession ou de donation, sont des biens réservés, sauf stipulation contraire.

Chaque indivis dispose librement de ses biens réservés.

372.

L'indivision cesse : IV. Dissolution. 1. Cas.

Par convention ou dénonciation;

Par l'expiration du temps pour lequel elle a été constituée, sauf le cas de sa continuation tacite;

A la demande du créancier d'un ayant droit contre lequel un acte de défaut de biens a été délivré;

Par jugement, lorsqu'un ayant droit demande la dissolution pour de justes motifs.

373.

Si l'indivision est dénoncée, ou si les créanciers d'un indivis en demandent la dissolution, les ayants droit pour- 2. Dénonciation, insolvabilité, mariage.

ront, soit la continuer entre eux, après avoir liquidé les droits de leur co-indivis, soit la déclarer dissoute.

L'indivis qui contracte mariage peut demander la liquidation de ses droits, sans dénonciation préalable.

374.

3. Décès.

En cas de décès d'un indivis, ses héritiers, s'ils ne sont pas eux-mêmes membres de l'indivision, pourront demander seulement la liquidation de leurs droits.

Si le défunt laisse pour héritiers des descendants, ceux-ci peuvent être admis en son lieu et place dans l'indivision.

375.

4. Partage.

Le partage de l'indivision et la liquidation des droits individuels portent sur les biens indivis, dans l'état où ils se trouvent au moment de la dissolution.

Le partage ne doit pas avoir lieu à contre-temps.

376.

V. Indivision en participation.
1. Conditions.

On pourra convenir que l'exploitation et la représentation de l'indivision sera remise à un seul des ayants droit, qui sera tenu de verser annuellement à chacun des autres sa part du bénéfice net.

Cette part sera équitablement fixée pour une série d'années, en tenant compte du travail du gérant et du produit moyen des biens indivis.

377.

2. Dissolution.

Lorsque le gérant compromet les biens indivis par son exploitation, ou ne remplit pas ses engagements envers les ayants droit, ceux-ci pourront dénoncer l'indivision.

Tout ayant droit peut se faire autoriser par le juge, pour des motifs suffisants, à participer à l'exploitation du gérant.

Les règles concernant l'indivision avec exploitation commune sont d'ailleurs applicables à l'indivision en participation.

378.

La législation cantonale pourra autoriser la fondation d'asiles de famille et en régler l'organisation, sous réserve des dispositions ci-après.

C. Asile de famille.
I. Droit des cantons

379.

Pourra être constitué en asile de famille tout bien à destination agricole ou industrielle, toute maison d'habitation avec ses dépendances, aux conditions suivantes:

L'immeuble ne sera pas plus grand qu'il n'est nécessaire pour suffire à l'entretien ou au logement d'une famille, sans égard aux charges qui peuvent le grever, ni aux autres biens du propriétaire;

Le propriétaire est tenu d'exploiter lui-même l'immeuble ou l'industrie à laquelle celui-ci est destiné, et de demeurer dans la maison d'habitation.

II. Constitution.
1. Nature de l'immeuble.

380.

Il y aura lieu de sommer préalablement d'office les créanciers et tous ceux qui se prétendraient lésés par la constitution de l'asile, d'y former opposition.

Si les oppositions sont écartées, l'autorité approuve la fondation, lorsque la valeur et la grandeur de l'immeuble répondent aux conditions légales.

L'inscription au registre foncier est nécessaire pour la constitution de l'asile.

2. Procédure.

381.

L'immeuble constitué en asile de famille ne pourra être grevé de nouvelles hypothèques.

Le propriétaire ne peut ni l'aliéner, ni le donner à bail.

L'immeuble et ses accessoires sont insaisissables.

III. Effets.
1. Inaliénabilité.

382.

L'exploitation et l'administration de l'immeuble sont soumis à la surveillance de l'autorité.

Le propriétaire ne pourra exercer, sans le consentement de l'autorité de surveillance, que les droits d'un usufruitier.

Il est tenu de donner asile à ses parents en ligne directe

2. Surveillance.

ascendante et descendante, ainsi qu'à ses frères et sœurs lorsque leur position l'exige et qu'ils n'en sont pas indignes.

383.

3. Insolvabilité du propriétaire.

En cas d'insolvabilité du propriétaire, l'immeuble sera remis à un gérant, qui, tout en maintenant la destination de l'asile l'administrera conformément aux intérêts des créanciers.

384.

IV Dissolution.
1. Pour cause de décès.

L'asile de famille ne pourra subsister après le décès du propriétaire, que si la transmission aux héritiers en a été réglée par fondation, fidéicommis ou disposition de dernière volonté.

Dans le cas contraire, l'inscription au registre foncier sera radiée à la mort du propriétaire.

385.

2. Du vivant du propriétaire.

Le propriétaire de l'asile pourra le supprimer de son vivant.

A cet effet, il adressera une requête en radiation d'inscription à l'autorité de surveillance, qui la fera dûment publier.

S'il ne survient pas d'opposition justifiée, l'inscription sera radiée.

Troisième partie.

De la tutelle.

Titre dixième.

De l'organisation de la tutelle.

Chapitre premier.

Des organes de la tutelle.

386.

Les organes de la tutelle sont les autorités préposées à ce service et le tuteur. A. En général.

387.

Le droit cantonal désigne les autorités de tutelle de la commune, du district et du Canton; il détermine les compétences de l'autorité de surveillance et de l'autorité tutélaire inférieure. B. Autorités de la tutelle. I. Tutelle publique.

Si l'autorité de surveillance comprend deux instances, les Cantons règlent la compétence de chacune d'elles.

388.

La tutelle pourra être remise exceptionnellement à la famille, lorsque cette mesure paraîtra justifiée par l'intérêt du pupille; ainsi, pour la continuation d'une industrie ou d'une société commerciale. II. Tutelle privée. 1. Conditions.

389.

L'autorité de surveillance décidera, à la demande des deux plus proches parents majeurs du pupille, s'il y a lieu de permettre la tutelle privée. 2. Organisation.

Les droits et les devoirs de l'autorité tutélaire seront exercés par un conseil de famille.

390.

3. Conseil de famille.

Le conseil de famille se composera au moins de cinq parents ou alliés du pupille, éligibles comme tuteurs; ils seront désignés pour quatre années par l'autorité de surveillance.

391.

4. Sûretés.

Les membres du conseil de famille fourniront des sûretés suffisantes pour les biens du pupille.

La tutelle privée ne sera autorisée que moyennant cette garantie.

392.

5. Révocation.

La tutelle privée pourra être révoquée en tout temps par l'autorité de surveillance, lorsque le conseil de famille ne remplira pas ses devoirs ou que les intérêts du pupille l'exigeront.

393.

C. Tuteurs.
I. Catégories.

La tutelle est exercée par les tuteurs et les curateurs.

Le tuteur prend soin de la personne du pupille ou de l'interdit, le représente dans tous les actes civils et administre ses biens.

Le curateur est institué pour un acte particulier ou par une gestion de biens.

394.

II. Dispositions communes.

Les règles concernant le tuteur s'appliquent au curateur, sous réserve des prescriptions particulières qui le régissent.

Chapitre II.

Des cas de tutelle.

395.

A. Mineurs.

Tout mineur qui n'est pas sous puissance paternelle sera pourvu d'un tuteur.

Les officiers de l'état civil ainsi que les autorités administratives et judiciaires sont tenus de signaler à l'autorité tutélaire les cas de tutelle qui parviendront à leur connaissance.

396.

Tout majeur qui, pour cause de maladie mentale ou de faiblesse d'esprit, est incapable de soigner ses affaires ou menace la sécurité d'autrui, sera pourvu d'un tuteur.

B. Majeurs.
I. Maladie ou faiblesse mentale.

La police ainsi que les autorités sanitaires et judiciaires sont tenues de signaler tous les cas dont elles auront connaissance, afin qu'il soit procédé à l'interdiction.

397.

Tout majeur qui, par ses prodigalités, son ivrognerie, sa mauvaise conduite, s'expose, lui ou sa famille, à tomber dans le besoin, ou menace la sécurité d'autrui, sera pourvu d'un tuteur.

II. Prodigalité et mauvaise conduite.

398.

Tout majeur condamné à la détention pour un an ou plus sera pourvu d'un tuteur.

III. Détention.

L'autorité chargée de l'exécution des jugements est tenue de signaler à l'autorité tutélaire compétente les individus frappés d'une peine semblable et qui se présenteront pour la subir.

399.

Tout majeur empêché, pour cause d'infirmités corporelles, de faiblesse sénile ou d'inexpérience, de soigner convenablement ses affaires peut être pourvu d'un tuteur, s'il en fait la demande.

IV. Interdiction volontaire.

400.

Aucun majeur ne sera pourvu d'un tuteur, tant qu'une cause d'interdiction n'aura pas été établie contre lui.

C. Procédure.
I. En général.
1. Constatation de la cause.

L'interdiction est prononcée par l'autorité tutélaire.

La procédure sera réglée par les cantons.

401.

2. Recours.

L'interdit peut recourir en justice, dans le mois à partir du jour où la décision de l'autorité tutélaire lui a été communiquée.

L'interdiction est exécutoire nonobstant recours, mais l'administration de la tutelle sera réduite aux actes indispensables.

402.

II. En cas de maladie ou faiblesse mentale.

L'interdiction pour cause de maladie mentale ou de faiblesse d'esprit ne peut être prononcée que sur un rapport d'experts, constatant qu'il est à prévoir que cet état se prolongera.

403.

III. En cas de consentement.

La procédure peut être abrégée, lorsqu'il s'agit d'une personne capable qui a elle-même demandé d'être interdite, ou d'un individu qui ne s'oppose pas à son interdiction.

404.

IV. Récidive.

La procédure peut être également abrégée, lorsqu'il s'agit d'un individu précédemment interdit, dont l'interdiction est demandée à nouveau et pour la même cause.

405.

V. Publication.

L'interdiction sera publiée une fois au moins dans une feuille officielle du domicile et du lieu d'origine de l'interdit.

Elle n'est opposable aux tiers de bonne foi qu'à partir de la publication.

Chapitre III.

Du for tutélaire.

406.

A. Suisses dans le pays.

Le for tutélaire d'un Suisse habitant le pays est celui de son domicile.

La tutelle passe au nouveau domicile, lorsque le mineur ou l'interdit change de domicile avec le consentement de l'autorité tutélaire.

407.

Le for tutélaire d'un Suisse à l'étranger est celui de son lieu d'origine, mais alors seulement qu'il existe une cause de tutelle à teneur de la présente loi et que la tutelle du lieu d'origine est reconnue à l'étranger ou que le mineur ou l'interdit a des biens en Suisse. B. Suisses à l'étranger.

408.

Le for tutélaire d'étrangers en Suisse est celui de leur domicile. C. Etrangers en Suisse.

La tutelle pourra être cédée à l'autorité du lieu d'origine, lorsque celle-ci le demande et que le pays étranger admet la réciprocité.

Chapitre IV.

De la nomination du tuteur.

409.

L'autorité tutélaire nomme en qualité de tuteur une personne majeure apte à remplir ces fonctions. A. Qualités personnelles. I. En général.

Lorsque les circonstances l'exigent, l'autorité désigne plusieurs tuteurs, qui administrent la tutelle en commun ou suivant les attributions conférées à chacun d'eux.

410.

Le parent capable le plus proche et le plus âgé ou le conjoint sera, de préférence à toutes autres personnes, nommé tuteur du mineur ou de l'interdit, à moins que des circonstances particulières, comme les relations personnelles des intéressés ou la distance, n'y mettent obstacle. II. Droit de préférence des parents.

411.

La désignation faite par les père et mère, ou par l'incapable, d'une personne de confiance en qualité de tuteur, sera prise en due considération. III. Vœux relatifs au choix du tuteur.

412.

IV. Obligation d'accepter la tutelle.

Les parents du mineur ou de l'interdit, le mari, ainsi que les citoyens habitant la commune de la tutelle et jouissant des droits civiques sont tenus d'accepter les fonctions de tuteur.

413.

V. Causes de dispense.

Peuvent se faire dispenser de la tutelle:

Celui qui est âgé de soixante ans révolus;

Celui qui, pour cause d'infirmités corporelles, ne pourrait l'exercer sans difficulté;

Celui qui a la puissance paternelle sur plus de quatre enfants;

Celui qui est déjà chargé de deux tutelles ou d'une tutelle particulièrement pénible;

Les membres du conseil fédéral, et le chancelier de la Confédération, les membres du tribunal fédéral, ainsi que les membres des gouvernements et des tribunaux supérieurs des Cantons.

414.

VI. Incapacités et incompatibilités.

Ne peuvent être tuteurs:

Celui qui est lui-même sous tutelle;

Celui qui est privé de ses droits civiques ou qui par sa conduite porte atteinte à son honneur.

Celui qui se trouve en procès ou en rapport d'inimitié personnelle avec l'incapable;

Les membres des autorités de tutelle.

415.

B. Nomination du tuteur.
I. Office de l'autorité tutélaire.
1. Nomination.

L'autorité tutélaire est tenue de nommer le tuteur immédiatement après avoir connu le cas de tutelle ou prononcé l'interdiction.

La procédure d'interdiction pourra être engagée, au besoin, avant que le pupille ait atteint l'âge de majorité.

416.

2. Mesures provisoires.

L'autorité prend les mesures provisoires, lorsqu'il y a lieu de procéder à quelque acte tutélaire avant la nomination du tuteur.

Elle pourra notamment désigner un tuteur provisoire, avant d'avoir constaté le cas de tutelle.

417.

II. Mode de la nomination.
1. Communication et publication.

Le tuteur sera immédiatement avisé de sa nomination.

La nomination du tuteur d'un interdit sera publiée, en même temps que l'interdiction, dans une feuille officielle du domicile et du lieu d'origine.

418.

2. Opposition.

Le tuteur pourra faire valoir ses causes de dispense dans les dix jours à partir de celui où sa nomination lui aura été communiquée; tout intéressé pourra, dans le même délai, former opposition contre une nomination illégale.

Le refus du tuteur et l'opposition sont adressés à l'autorité tutélaire, qui, à l'expiration du délai, les transmet, avec son rapport à l'autorité de surveillance, laquelle prononcera.

419.

3. Fonction provisoire.

Le tuteur qui décline sa nomination, ou dont la nomination est attaquée, est tenu de gérer provisoirement la tutelle, sous peine de dommages-intérêts envers le pupille.

420.

4. Décision.

L'autorité de surveillance communiquera sa décision à l'élu et à l'autorité tutélaire.

Celle-ci fera immédiatement une nouvelle nomination, le cas échéant.

421.

5. Assermentation.

L'autorité tutélaire invite sans délai le tuteur à se présenter devant elle et procède à son assermentation, après l'avoir rendu attentif aux devoirs de sa charge.

Chapitre V.

De la curatelle.

422.

A. Causes de la curatelle.
I. Représentation.

Tout intéressé pourra requérir l'autorité tutélaire de désigner un curateur dans les cas suivants:

Lorsqu'un majeur ne peut, pour cause de maladie, d'absence ou pour d'autres raisons, procéder à un acte juridique urgent, ni désigner lui-même un représentant;

Lorsque les intérêts du mineur ou de l'interdit sont opposés à ceux de son représentant légal;

Lorsque le représentant légal est empêché.

423.

II. Gestion des biens.

L'autorité tutélaire est tenue de pourvoir à la gestion des biens dont le soin n'incombe à personne, et de nommer un curateur, en particulier:

Lorsque le domicile d'un individu est inconnu;

Lorsqu'une personne se trouve dans l'impossibilité d'administrer elle-même ses biens ou de choisir un mandataire, sans qu'il y ait lieu de lui nommer un tuteur;

Lorsque des droits de succession sont incertains ou qu'il importe de sauvegarder les intérêts d'un enfant conçu;

Lorsque l'organisation d'une corporation ou d'une fondation est incomplète;

Lorsqu'on n'a pas pourvu d'une manière suffisante à la gestion de fonds recueillis pour une œuvre de bienfaisance ou d'utilité publique.

424.

Le curateur chargé de représenter des Suisses ou des étrangers, est désigné par l'autorité tutélaire de leur domicile. B. Autorité compétente.

Le curateur chargé d'une gestion de biens, est désigné par l'autorité tutélaire du lieu dans lequel les biens étaient administrés ou sont échus au représenté.

425.

Le curateur est nommé de la même manière que le tuteur. C. Nomination.

Il n'est pas assermenté, à moins que l'autorité tutélaire n'en décide autrement.

La nomination sera publiée lorsque l'autorité tutélaire le jugera opportun.

Titre onzième.

De l'administration de la tutelle.

Chapitre premier.

Des fonctions du tuteur.

426.

A son entrée en fonctions, le tuteur, assisté d'un membre de l'autorité tutélaire, dresse inventaire des biens du pupille. A. Entrée en fonctions I. Inventaire.

Ce dernier y sera appelé, s'il n'est pas en état d'incapacité naturelle.

L'autorité tutélaire ou le tuteur pourront procéder à l'inventaire avant l'assermentation.

427.

Les titres, objets de prix, documents importants et autres choses semblables seront remis à l'autorité tutélaire pour II. Objets de valeur.

être déposés en lieu sûr, à moins qu'elle n'en décide autrement dans l'intérêt du pupille.

428.

III. Autres objets mobiliers.

Les autres objets mobiliers seront, si l'intérêt du pupille l'exige, vendus aux enchères publiques ou de gré à gré suivant les instructions de l'autorité tutélaire.

429.

IV. Argent comptant. 1. Placement.

L'argent comptant dont le tuteur n'a pas besoin pour son pupille sera placé sans retard à intérêt dans la caisse désignée par l'autorité tutélaire, ou converti en titres sûrs qui devront être acceptés par elle.

430.

2. Responsabilité.

Le tuteur paiera l'intérêt de toute somme qu'il aura laissée improductive plus d'un mois sans motif suffisant.

431.

V. Industrie et commerce.

L'autorité tutélaire décidera si l'industrie ou le commerce compris dans les biens du pupille seront liquidés ou continués, et donnera les instructions nécessaires.

432.

VI. Immeubles.

Les immeubles sont gérés par le tuteur; l'autorité tutélaire n'en permettra la vente que si l'intérêt du pupille l'exige.

La vente aura lieu aux enchères publiques, exceptionnellement de gré à gré et à condition que l'autorité tutélaire y consente.

433.

B. Soins et représentation. 1. Soins personnels. 1. Mineurs.

Le tuteur pourvoit comme un père à l'entretien et à l'éducation du pupille mineur.

Il exerce à cet effet les mêmes droits que les père et mère; sont réservées les compétences de l'autorité tutélaire.

434.

Le tuteur protège l'interdit, l'assiste dans toutes ses affaires personnelles et pourvoit, au besoin, à ce qu'il soit placé dans un établissement.

2. Interdits.

435.

Le tuteur représente son pupille dans tous les actes de la vie civile; demeurent réservées les compétences des autorités de tutelle.

II. Représentation.
1. En général.

436.

Le pupille sera consulté pour tout acte important d'administration, à moins qu'il ne soit en état d'incapacité naturelle.

L'assentiment du pupille ne décharge point le tuteur de sa responsabilité.

2. Concours du pupille.

437.

Le pupille qui contracte une obligation ou renonce à un droit est engagé, s'il n'est pas en état d'incapacité naturelle et moyennant que le tuteur ait expressément ou tacitement consenti à l'acte ou l'ait ratifié.

L'autre partie est libérée, faute de ratification dans le délai qu'elle a fixé ou fait fixer par le juge.

3. Actes du pupille
a. Consentement du tuteur.

438.

Lorsque l'acte n'est pas ratifié, chaque partie peut réclamer les prestations qu'elle a faites; le mineur ou l'interdit n'est tenu à restitution que jusqu'à concurrence des sommes dont il a profité, dont il se trouve enrichi au moment de la répétition, ou dont il s'est frauduleusement dessaisi.

Le pupille qui induit des tiers en erreur au sujet de sa capacité civile est tenu du dommage qu'il leur cause.

b. Défaut de consentement.

439.

4. Profession ou industrie du pupille.

Le pupille auquel l'autorité tutélaire permet expressément ou tacitement d'exercer une profession ou une industrie, peut faire tous les actes rentrant dans l'exercice régulier de cette profession ou de cette industrie; il est, de ce chef, tenu à l'égard des tiers sur tous ses biens.

440.

5. Autorisation aux interdits.

Les individus interdits à leur demande ou pour cause de faiblesse d'esprit, de prodigalité, d'ivrognerie, de mauvaise conduite, pourront, du consentement de l'autorité tutélaire, faire les actes de simple administration et contracter seuls pour les besoins de la vie journalière.

441.

C. Administration des biens.
I. Devoirs du tuteur.

Le tuteur gère les biens du pupille en administrateur diligent.

Il prend l'avis de l'autorité tutélaire pour toute affaire importante, même lorsqu'il n'est pas tenu de requérir son concours.

442.

II. Comptes.

Le tuteur doit tenir des comptes; il les soumettra à l'autorité tutélaire aux époques fixées par celle-ci, et tous les deux ans au moins.

443.

III. Droit de libre disposition du pupille.

Le pupille qui n'est pas en état d'incapacité naturelle administre les biens laissés à sa disposition, ou acquis par son travail avec le consentement du tuteur.

444.

La tutelle est déférée, dans la règle, pour quatre années, à l'expiration desquelles le tuteur peut refuser de la continuer. D. Durée des fonctions.

A défaut de refus, elle continue pour quatre années, par simple confirmation, sans publication ni assermentation nouvelles.

445.

Le tuteur est rémunéré sur les biens du pupille; l'indemnité sera fixée par l'autorité tutélaire lors de chaque apurement de comptes, eu égard aux peines du tuteur, mais elle n'excédera pas deux pour mille de la fortune nette. E. Salaire du tuteur.

Chapitre II.

Des fonctions du curateur.

446.

Le curateur investi d'un mandat spécial l'exécutera conformément aux instructions de l'autorité tutélaire. A. En général.

Lorsque ses fonctions consistent dans la gestion d'un patrimoine, la capacité civile de celui dont les biens sont mis sous curatelle ne subit aucune diminution.

La durée des fonctions du curateur et son salaire seront fixés par l'autorité tutélaire.

447.

Le curateur dressera, de la même manière que le tuteur, l'inventaire des biens qui lui sont remis si cette mesure est ordonnée par l'autorité tutélaire. B. Gestion.

Il procède aux actes de gestion indispensables et apporte à la conservation des biens les soins d'un administrateur diligent.

Il ne prendra d'autres mesures qu'avec le consentement

spécial de la personne représentée ou, si elle est en état d'incapacité naturelle, celui de l'autorité tutélaire.

Chapitre III.

De l'office des autorités de tutelle.

448.

A. Surveillance, plaintes.

Tout intéressé et notamment le pupille, s'il n'est pas en état d'incapacité naturelle, peuvent porter plainte à l'autorité tutélaire contre les actes du tuteur.

Il y a recours à l'autorité de surveillance contre la décision de l'autorité tutélaire, dans les dix jours à partir de la communication.

449.

B. Autorisation.
I. De l'autorité tutélaire.

Le consentement de l'autorité tutélaire est nécessaire pour les actes suivants:

L'aliénation et l'acquisition d'immeubles, ainsi que la constitution de gages immobiliers;

La vente, l'acquisition et le nantissement d'autres objets de valeur, en dehors des besoins de l'administration ou de l'exploitation courantes;

Les constructions, en dehors des besoins de l'administration courante;

Les emprunts et les prêts;

Les engagements par effets de change;

Les dons excédant les libéralités usuelles;

Les baux immobiliers conclus pour un an ou plus;

L'autorisation donnée au pupille d'exercer une profession ou une industrie;

Les procès intentés pour le pupille ou dirigés contre lui, les transactions et les compromis;

Le contrat de mariage et le partage de successions;

Le placement du pupille dans un établissement d'éducation, un asile ou un hôpital.

450.

Le consentement de l'autorité de surveillance est nécessaire pour les actes suivants:

II. De l'autorité de surveillance.

L'adoption, que le pupille soit l'adopté ou l'adoptant;

L'acquisition d'un droit de cité ou d'une bourgeoisie, et la renonciation qui pourrait y être faite;

Les donations importantes et les fondations;

L'acquisition et la liquidation d'un commerce, la participation à une société commerciale engageant la responsabilité personnelle du pupille ou un capital important;

Les cautionnements;

Les contrats ayant pour objet une pension, l'entretien viager, une rente viagère ou une assurance sur la vie;

La répudiation d'une succession et le pacte successoral;

L'émancipation.

451.

L'autorité tutélaire examine les rapports et comptes périodiques du tuteur et en propose l'acceptation ou le rejet à l'autorité de surveillance.

C. Examen des rapports et comptes.

Elle peut inviter préalablement le tuteur à les compléter ou à les rectifier.

L'autorité de surveillance accepte ou refuse les rapports et comptes du tuteur et prend, le cas échéant, les mesures nécessaires pour la sûreté des biens du pupille.

452.

L'autorité de surveillance donnera, pour le placement des fonds, les instructions commandées par les circonstances.

D. Contrôle de la fortune des pupilles.

Elle aura soin de contrôler les dépôts, titres et valeurs appartenant aux pupilles.

453.

Les actes faits pour le pupille sans le consentement de l'autorité de tutelle compétente produisent, à son égard, les mêmes effets que ceux qu'il ferait lui-même sans l'autorisation de son tuteur.

E. Défaut d'autorisation.

454.

F. Ordonnances cantonales.

Les Cantons peuvent rendre des ordonnances à l'effet de compléter les dispositions de la présente loi sur la coopération des autorités de tutelle, sur le placement et la garde des fonds, sur la comptabilité, les rapports et les comptes de tutelle.

Ces ordonnances seront soumises à l'approbation du Conseil fédéral.

Chapitre IV.

De la responsabilité des organes de la tutelle.

455.

A. Cas.
I. Tuteur et autorités.

Le tuteur ainsi que les membres des autorités de tutelle observeront, dans l'exercice de leurs fonctions, la diligence d'un bon administrateur; ils sont personnellement responsables des négligences et des excès de pouvoirs qu'ils commettent.

456.

II. Commune et Canton.

La commune, en cas d'insolvabilité du tuteur ou des membres de l'autorité tutélaire, et le Canton, en cas d'insolvabilité des membres de l'autorité de surveillance, répondent du dommage causé au pupille.

La commune et le Canton en sont tenus solidairement, sauf droit de recours de l'un contre l'autre dans la mesure fixée par le juge, lorsque l'autorité tutélaire et l'autorité de surveillance partagent la responsabilité.

457.

B. Conditions de la responsabilité.
I. Entre les membres d'une autorité.

Les membres de l'autorité responsable sont tenus du dommage, à moins qu'il ne soit établi qu'ils n'ont point concouru à la décision dont il est résulté.

Les membres responsables sont tenus chacun pour sa part.

458.

Lorsque le tuteur et les membres de l'autorité tutélaire sont tenus ensemble du dommage, ceux-ci n'en répondent que jusqu'à concurrence de la perte subie sur le tuteur insolvable. — II. Entre les différents organes de la tutelle.

Les membres de l'autorité de surveillance tenus du dommage avec ceux de l'autorité tutélaire n'en répondent que jusqu'à concurrence de la perte subie sur ces derniers.

Les personnes responsables d'un dommage occasionné par fraude en sont tenues directement et solidairement.

459.

Le juge statue sur les responsabilités encourues par le tuteur, les membres des autorités de tutelle, les communes et le Canton. — C. Action en responsabilité.

Titre douzième.

De la fin de la tutelle.

Chapitre premier.

De la fin de la minorité et de l'interdiction.

460.

La tutelle du mineur finit à la majorité ou par l'émancipation. — A. Tutelle des mineurs.

En prononçant l'émancipation, l'autorité fixera l'époque de la fin de la tutelle et publiera sa décision dans une feuille officielle, si elle le juge à propos.

461.

La tutelle de l'individu condamné à la détention finit à l'expiration de la peine ou par l'effet de la grâce. — B. Tutelle des condamnés.

Le condamné relaxé temporairement ou conditionnellement reste sous tutelle.

462.

C. Tutelle des autres interdits.
I. Cessation de la cause.

La tutelle des autres interdits finit par décision de l'autorité tutélaire.

Celle-ci est tenue de donner mainlevée de l'interdiction dès que la cause en a cessé.

463.

II. Mainlevée.
1. Requête.

La mainlevée de l'interdiction peut être demandée par l'interdit et par tout intéressé.

En cas de refus, la demande pourra être portée devant le juge.

464.

2. Procédure et publications.

La procédure de mainlevée est réglée par les Cantons.

La mainlevée sera publiée si l'interdiction l'a été.

La capacité civile renaît indépendamment de la publication.

465.

3. En cas de maladie mentale.

La mainlevée de l'interdiction prononcée pour cause de maladie mentale ou de faiblesse d'esprit ne pourra être accordée qu'après constatation par experts que la cause n'existe plus.

466.

4. En cas de mauvaise conduite.

La mainlevée de l'interdiction prononcée pour cause de prodigalité, d'ivrognerie ou de mauvaise conduite, ne peut être accordée que lorsque l'interdit n'a, pendant deux années, donné lieu à aucune plainte.

467.

5. En cas d'interdiction volontaire.

La mainlevée de l'interdiction prononcée à la requête de l'interdit pour cause d'infirmités corporelles, de faiblesse sénile ou d'inexpérience, ne peut être accordée que lorsque la cause a cessé.

468.

La curatelle cesse avec l'exécution des actes pour lesquels elle a été établie. D. Curateur.

Lorsqu'elle a pour objet une gestion de biens, elle cesse dès la disparition de la cause qui l'a déterminée; le curateur est néanmoins tenu de remplir ses fonctions jusqu'à ce qu'il en ait été relevé.

La fin de la curatelle sera rendue publique dans une feuille officielle, lorsque la nomination du curateur a été publiée ou que l'autorité tutélaire le juge à propos.

Chapitre II.

De l'expiration des fonctions du tuteur.

469.

Les fonctions du tuteur cessent à son décès et lorsqu'il perd l'exercice des droits civils ou qu'il est déclaré en faillite. A. Décès et perte de la capacité civile.

470.

Les fonctions du tuteur cessent à l'expiration de la période pour laquelle il a été nommé, lorsqu'il refuse de les continuer ou qu'il n'est pas confirmé. B. Expiration des fonctions non-réélection. I. Expiration de la période.

471.

Le tuteur est tenu de déposer ses fonctions, lorsqu'il survient une cause d'incapacité ou d'incompatibilité. II. Survenance d'une cause d'incapacité ou de dispense.

Lorsqu'il survient un cas de dispense, le tuteur ne pourra, dans la règle, se démettre de ses fonctions avant qu'elles soient expirées.

472.

Le tuteur relevé de ses fonctions ou non confirmé ne fera que les actes d'administration indispensables, jusqu'à ce que son successeur ait été nommé et soit entré en charge. III. Continuation de la gestion.

473.

C. Destitution.
I. Cas.

Le tuteur coupable de négligences graves, d'abus dans l'exercice de ses fonctions, ou d'actes qui le rendent indigne d'être tuteur sera destitué par l'autorité de surveillance ; il en sera de même du tuteur insolvable.

474.

II. Procédure.
1. Plainte.

La destitution pourra être requise par l'autorité tutélaire, par le pupille, s'il n'est pas en état d'incapacité naturelle, et par tout intéressé.

L'autorité de surveillance est tenue de procéder d'office, lorsqu'une cause de destitution parvient d'une autre manière à sa connaissance.

475.

2. Enquête et pouvoir disciplinaire.

L'autorité de surveillance ne prononcera la destitution qu'après enquête.

Dans les cas les moins graves, elle pourra simplement menacer le tuteur de la destitution ou le punir d'une amende de mille francs au plus.

476.

3. Mesures provisoires.

S'il y a péril en la demeure, l'autorité tutélaire pourra suspendre provisoirement le tuteur et, le cas échéant, demander son arrestation.

477.

4. Mesures de sûreté.

En prononçant la destitution ou une peine disciplinaire, l'autorité de surveillance prendra, d'office ou sur la proposition de l'autorité tutélaire, les mesures de sûreté nécessaires dans l'intérêt du pupille.

Chapitre III.

Des effets de la fin de la tutelle.

478.

Le tuteur dont les fonctions cessent doit remettre à l'autorité tutélaire un rapport final sur son administration, ainsi qu'un compte définitif, et tenir les biens à la disposition du pupille ou du nouveau tuteur.

A. Compte définitif et remise des biens.

479.

Le rapport final et le compte définitif du tuteur seront examinés et approuvés par les autorités de tutelle, de la même manière que les rapports et comptes périodiques.

B. Apurement.

480.

Lorsque les rapports et comptes auront été approuvés par l'autorité de surveillance et que les biens du pupille se trouveront à la disposition de celui-ci ou à celle du nouveau tuteur, l'autorité tutélaire relèvera le tuteur de ses fonctions, toute action en responsabilité réservée.

C. Tuteur relevé de ses fonctions.

481.

L'action résultant de la responsabilité du tuteur se prescrit par un an, à partir du jour où le demandeur a connu la décision qui relève le tuteur de ses fonctions ou le refus de l'autorité de surveillance d'accepter le compte définitif, et a lui-même reçu ce compte.

L'action contre les membres des autorités de tutelle se prescrit par le même délai qui court, dans tous les cas, dès la fin de la tutelle seulement.

D. Action en responsabilité.
I. Prescription.

482.

L'action en responsabilité ne pourra plus être intentée après le délai d'un an, si ce n'est à raison d'erreur de comptabilité ou pour une cause qu'il n'était pas possible de découvrir plus tôt.

La prescription court, dans ces cas, à partir de la découverte du fait qui donne lieu à l'action.

L'action intentée à raison d'un acte punissable se prescrit

II. Prescription extraordinaire.

dans le même délai que l'action publique, si ce délai est plus long que celui de l'action civile.

483.

E. Privilège du pupille.

La créance du pupille contre son tuteur ou contre les membres des autorités de tutelle est privilégiée conformément à la loi sur la poursuite et la faillite.

Livre troisième.

Des successions.

DES SUCCESSIONS.

Première Partie.

Des héritiers.

Titre treizième.

Des héritiers légaux.

484.

Les héritiers les plus proches sont les descendants. A. Les héritiers du sang. I. Les descendants.

Les enfants succèdent par tête, sous réserve des règles concernant le partage d'exploitations agricoles et autres.

Les enfants prédécédés sont représentés par leurs descendants, qui succèdent alors par souche.

485.

Les héritiers du défunt qui n'a pas laissé de postérité sont le père et la mère. II. La parentèle des père et mère.

Ils succèdent par tête.

Le père et la mère prédécédés sont représentés par leurs descendants, qui succèdent alors par souche.

A défaut d'héritiers dans l'une des lignes, toute la succession est dévolue aux héritiers de l'autre.

486.

III. La parentèle des grands-parents.

Les héritiers du défunt qui n'a laissé ni père, ni mère, ni descendants d'eux sont les grands-parents.

Ils succèdent par tête, dans chacune des deux lignes.

Le grand-parent prédécédé est représenté par ses descendants, qui succèdent alors par souche.

En cas de prédécès sans postérité d'un grand-parent de la ligne paternelle ou maternelle, sa part échoit aux héritiers de la même ligne.

En cas de prédécès sans postérité des grands-parents d'une ligne, toute la succession est dévolue aux héritiers de l'autre.

487.

IV. Les arrière-grands-parents.

Les grands-parents et leur postérité sont les derniers héritiers du sang.

Toutefois, les arrière-grands-parents ont droit à l'usufruit de la part qui eût été dévolue à leurs descendants, s'ils avaient survécu.

Cet usufruit, en cas de prédécès, passe aux grands-oncles et grand'tantes qui descendent de l'arrière-grand-parent prédécédé.

488.

V. Les parents naturels.

Les parents naturels exercent, dans la famille maternelle, les mêmes droits que les légitimes.

Ils ne les exercent, dans la famille paternelle, que si l'enfant suit la condition du père en vertu d'une reconnaissance ou d'une déclaration de paternité.

Lorsque, dans la famille paternelle, les parents naturels sont en concours avec des légitimes issus d'un auteur commun, leur droit est réduit à la moitié de la part de leurs cohéritiers légitimes de même rang.

489.

B. Le conjoint survivant.

Le conjoint survivant a droit, si le défunt laisse des descendants, à l'usufruit de la moitié de la succession.

Il a droit, lorsque le défunt laisse un père, une mère ou leur postérité, au quart en propriété et aux trois quarts en usufruit et, s'il laisse des grands-parents ou leur postérité, à la moitié de la succession en propriété et à l'autre moitié en usufruit.

A défaut de grands-parents ou de leur postérité, il recueille toute la succession.

490.

C. Enfants adoptifs.

L'adopté et ses descendants ont envers l'adoptant le même droit de succession que les descendants légitimes.

L'adoption ne confère à l'adoptant et à ses parents aucun droit sur la succession de l'adopté.

491.

D. L'Etat.

A défaut d'héritiers, la succession est dévolue, sous réserve de l'usufruit des arrière-grands-parents, des grands-oncles et des grand'tantes, au Canton du dernier domicile du défunt ou à la commune désignée par la législation cantonale.

Les Cantons peuvent conférer à l'Etat des droits plus étendus, soit en créant des taxes successorales, soit en élargissant son droit de successibilité.

Titre quatorzième.

Des dispositions du défunt.

Chapitre premier.

De la capacité de disposer.

492.

A. Testament.

Toute personne qui n'est pas en état d'incapacité naturelle a, dès l'âge de dix-huit ans révolus, la faculté de disposer de ses biens par testament, dans les limites et selon les formes établies par la loi.

493.

B. Pactes successoraux.

Pour conclure un pacte successoral, le disposant doit avoir l'exercice des droits civils.

Le pacte peut être conclu par le représentant légal de l'autre partie, lorsque celle-ci est incapable; si elle renonce à des droits ou assume des obligations, le pacte sera soumis à l'approbation tutélaire.

494.

C. Dispositions nulles.

Sont nulles toutes dispositions qui n'auraient pas été faites, ni maintenues, si leur auteur n'avait été sous l'empire d'une erreur, d'une violence, d'une menace ou d'un dol.

Les dispositions dont les termes sont évidemment erronés demeurent néanmoins valables, si la volonté réelle de leur auteur ne peut faire l'objet d'aucun doute.

Chapitre II.

De la faculté de disposer.

495.

A. Quotité disponible et réserve.

Celui qui laisse des descendants a la faculté de disposer du quart, et, celui qui laisse son père ou sa mère, de la moitié de ses biens.

Le conjoint survivant a droit à une réserve qui est de l'usufruit de la moitié, s'il concourt avec des descendants, et, s'il concourt avec d'autres héritiers, de la propriété du quart des biens.

En dehors de ces cas, la quotité disponible comprend toute la succession.

496.

B. Calcul de la quotité disponible.

La quotité disponible se calcule suivant l'état de la succession au jour du décès.

Seront déduits de l'actif, pour établir la quotité disponible, les dettes du défunt, les frais funéraires, les frais de scellé et d'inventaire.

Les libéralités entre-vifs seront ajoutées aux biens existants dans la mesure où elles sont sujettes à réduction.

Les polices d'assurance sur la vie, dont l'échéance est déterminée par la mort du disposant, ne sont pas comprises dans la succession si, du vivant de ce dernier, elles étaient au profit d'un bénéficiaire déterminé.

497.

C. Exhérédation. I. Causes.

L'héritier à réserve peut être déshérité :

Lorsqu'il s'est rendu coupable d'un délit grave envers le défunt ou l'un des proches de celui-ci ;

Lorsqu'il a gravement failli à ses devoirs de famille à l'égard du défunt ;

Lorsqu'il vit dans la dissipation ou l'immoralité.

498.

II. Effets.

L'exhérédé ne peut ni réclamer une part de la succession, ni intenter l'action en réduction.

Sa part est dévolue, lorsque le défunt n'en a pas disposé, aux héritiers légaux de ce dernier, comme si l'exhérédé ne lui avait pas survécu.

499.

III. Fardeau de la preuve.

L'exhérédation n'est valable que si le défunt en a indiqué exactement la cause dans l'acte qui l'ordonne.

La preuve de l'exactitude de cette indication sera faite, en cas de contestation de la part de l'exhérédé, par l'héritier, le légataire ou le donataire qui profite de l'exhérédation.

Si cette preuve n'est pas faite, ou si la cause de l'exhérédation n'est pas indiquée, l'exhérédé n'en est pas moins présumé réduit à sa réserve.

Chapitre III.

Des modes de disposer.

500.

A Objet des dispositions du défunt.

Les dispositions du défunt (testaments et pactes successoraux) peuvent porter sur tout ou partie de ses biens.

Les biens dont il n'a point disposé passent à ses héritiers légaux.

501.

B. Charges et conditions.

Sera nulle toute disposition que son auteur aurait affectée de charges ou de conditions dans un but illicite ou immoral.

Sont réputées non écrites les charges et conditions qui n'ont pas de but, pas de sens, ou qui sont purement vexatoires pour des tiers.

L'exécution des charges pourra être requise par tout intéressé.

502.

C. Institution d'héritier.

Les dispositions du défunt peuvent consister dans une institution d'héritier pour l'universalité ou une quote-part de la succession.

503.

D. Legs.
I. Objet.

Le disposant peut aussi faire des libéralités qui n'emportent pas institution d'héritier.

Il pourra soit léguer un objet particulier dépendant de la succession ou un usufruit, soit charger ses héritiers ou légataires de faire, sur la valeur des biens, des prestations à une certaine personne ou de la libérer d'une obligation.

Le débiteur du legs d'une chose déterminée n'est pas tenu, si le contraire ne résulte de la disposition, lorsque la chose ne se retrouve pas dans la succession.

504.

II. Délivrance.

La chose léguée sera délivrée dans son état au jour de l'ouverture de la succession, avec les détériorations ou les accroissements qu'elle a subis, libre de charges, ou affectée des charges qui la grèvent.

Le débiteur du legs a les droits et les obligations d'un gérant d'affaires pour impenses et dépréciations postérieures à l'ouverture de la succession.

505.

III. Rapport entre legs et succession.

Sont réductibles les legs qui excèdent les forces de la succession, la libéralité faite à celui qui les doit ou la quotité disponible.

Les legs sont maintenus, même quand ceux qui les doivent ne survivent pas au disposant, sont déclarés indignes ou répudient la succession.

L'héritier légal ou institué a le droit, même en cas de répudiation, de réclamer le legs qui lui a été fait.

506.

E. Substitutions vulgaires.

Les dispositions du défunt peuvent désigner une ou plusieurs personnes pour recueillir la succession ou le legs, si l'héritier ou le légataire prédécèdent ou répudient.

507.

F. Substitutions fidéicommissaires.
I. Désignation des appelés.

Le disposant a la faculté de grever l'héritier institué de l'obligation de rendre la succession à un tiers, l'appelé.

La même charge ne peut être imposée à ce dernier.

Ces règles s'appliquent aux legs.

508.

II. Ouverture de la substitution.

La substitution s'ouvre, sauf disposition contraire, à la mort du grevé.

Lorsqu'un autre terme a été fixé et qu'il n'est pas échu au décès du grevé, la succession passe aux héritiers de celui-ci, moyennant par eux fournir des sûretés.

La succession est définitivement acquise aux héritiers

du grevé dès l'instant où, pour une cause quelconque, le terme de la restitution ne peut plus s'accomplir.

509.

III. Sûretés.

L'autorité compétente fait dresser inventaire de la succession échue au grevé.

Sauf dispense expresse de la part du disposant, la succession ne sera délivrée au grevé que s'il fournit des sûretés.

Il y a lieu de pourvoir à l'administration d'office de la succession, lorsque le grevé ne peut fournir des sûretés ou qu'il compromet les droits de l'appelé.

510.

IV. Effets de la substitution.
1. Envers le grevé.

Le grevé acquiert la succession comme tout autre héritier institué.

Il devient propriétaire, à charge de restitution.

Les immeubles de la succession sont inscrits à son nom au registre foncier, avec annotation de la dite charge.

511.

2. Envers l'appelé.

La substitution s'ouvre en faveur de l'appelé, lorsqu'il est vivant à l'échéance de la charge de restitution.

En cas de prédécès de l'appelé, les biens substitués sont, sauf disposition contraire, dévolus au grevé.

L'appelé succède directement au disposant, lorsque le grevé meurt avant ce dernier, est indigne ou répudie.

512.

G. Fondations.

La quotité disponible pourra être consacrée, en totalité ou en partie, à une fondation.

Elle pourra l'être aussi, sous les conditions fixées par le droit de famille, à un fidéicommis ou à une fondation de famille.

L'acte de fondation ne sera valable toutefois, que s'il contient des indications précises sur le montant de la libéralité et le but de l'œuvre.

513.

H. Testaments conjonctifs.
I. Nature.

Il est loisible à plusieurs personnes, en particulier à des époux, de tester conjointement.

514.

II. Révocation.

Chacune des dernières dispositions peut être révoquée, lorsque la validité de l'une ne dépend pas de celle de l'autre.

La révocation ou la nullité des dispositions de l'un des testateurs entraîne par le fait même celle des dispositions de l'autre, lorsqu'elles ne peuvent subsister séparément.

515.

III. Dispositions irrévocables.

Toute disposition qui, dans l'intention clairement manifestée de ses auteurs, ne peut être révoquée sans leur consentement, est assimilée à un pacte successoral.

Si l'un des disposants acquiert quelque chose à la mort de l'autre, en vertu du testament, il ne lui est plus loisible de modifier cet acte que moyennant restitution préalable aux ayants droit de tout ce qu'il a reçu.

516.

J. Pactes successoraux.
I. Institution d'héritier et legs.

Le disposant peut s'obliger, par pacte successoral, à laisser sa succession ou un legs à l'autre partie ou à un tiers.

Il conserve le droit de disposer de ses biens entre-vifs.

Peuvent être attaquées toutes autres libéralités qui seraient en contradiction avec le pacte successoral.

517.

II. Renonciation.
1. Portée.

On peut conclure avec l'un de ses héritiers un pacte de renonciation à succession.

Le renonçant perd sa qualité d'héritier.

Le pacte est, sauf disposition contraire, opposable aux descendants du renonçant.

518.

2. Loyale échute.

La renonciation est non avenue lorsque, pour une cause quelconque, les héritiers institués dans l'acte en lieu et place du renonçant ne recueillent pas la succession.

La renonciation au profit de cohéritiers est réputée sans effet à l'égard des héritiers d'un ordre plus éloigné.

519.

3. Droits des créanciers héréditaires.

Le renonçant et ses héritiers peuvent être recherchés par les créanciers de la succession insolvable, jusqu'à concurrence de ce dont ils sont encore enrichis, au jour de l'ouverture, par le prix de leur renonciation.

Chapitre IV.

De la forme des testaments et des pactes successoraux.

520.

A. Testaments.
I. Rédaction de l'acte.
1. En général.

Les testaments pourront être olographes ou faits par acte public; la forme orale n'est admissible que sous les conditions exprimées par la loi.

521.

2. Testament public.
a. Concours d'un officier public.

Le testament public sera reçu par un notaire, ou un fonctionnaire ayant qualité à cet effet d'après le droit cantonal, avec le concours de deux témoins.

Le disposant indiquera ses volontés à l'officier public, qui les rédigera, les lui fera lire ou les lui lira.

L'acte contiendra la signature du disposant, précédée d'une déclaration écrite de sa main et constatant qu'il l'a trouvé conforme à ses volontés; le tout daté et signé par l'officier public.

522.

Le testateur présentera l'acte aux deux témoins simultanément, par devant l'officier public, et leur déclarera que cet acte renferme ses dernières dispositions.

b. Concours des témoins.

Par une attestation signée, apposée soit au pied, soit au verso de l'acte, selon qu'il leur est présenté ouvert ou clos, les témoins certifieront que le testateur leur a paru capable de disposer et leur a déclaré que cet acte contenait ses dernières volontés.

523.

Si le testateur ne sait ou ne peut lire, l'officier public lui fera lecture de l'acte en présence des deux témoins, et ceux-ci certifieront, par une attestation signée d'eux, que l'acte a été lu au testateur en leur présence.

c. Personnes incapables de lire ou d'écrire.

Si le testateur ne sait ou ne peut écrire, les témoins certifieront, par une attestation signée d'eux, que c'est la cause pour laquelle l'acte ne porte pas la déclaration et la signature requises par la loi.

524.

Le testament olographe sera écrit en entier, daté et signé de la main du testateur.

3. Forme olographe.

Les Cantons pourront en outre prescrire, sous peine de nullité des dernières dispositions, le dépôt de l'acte ouvert ou clos entre les mains de l'autorité désignée à cet effet.

525.

Le testament peut être fait en la forme orale, lorsque le disposant sera empêché ou lorsqu'il lui sera extrêmement difficile de recourir aux formes ordinaires; il en sera ainsi,

4. Forme orale.
a. Les dernières dispositions.

notamment, dans les cas de danger de mort imminent, de maladie, de communications interceptées et de guerre.

Le testateur déclarera ses dernières volontés à deux témoins, qu'il chargera d'en dresser acte.

526.

b. Mesures subséquentes.

Il sera dressé acte du testament oral de la manière suivante :

L'un des témoins écrira immédiatement les dernières volontés, les datera, les signera, les fera signer par l'autre témoin, et tous deux déposeront cet écrit, sans délai, entre les mains d'une autorité judiciaire, en affirmant que le disposant leur a, dans telles circonstances particulières qu'ils indiqueront, déclaré ses dernières volontés.

Les deux témoins pourront aussi en faire dresser procès-verbal par l'autorité judiciaire, sous la même affirmation que ci-dessus.

Si les dernières dispositions sont faites par un militaire en activité de service, un officier du grade de capitaine ou d'un grade supérieur pourra remplacer l'autorité judiciaire.

527.

c. Nullité.

Lorsque le testateur recouvre la liberté d'employer les formes ordinaires, le testament oral cesse d'être valable un mois à partir de ce moment.

528.

5. Testaments conjonctifs.

Les testaments conjonctifs pourront être faits dans le même acte, ou par actes séparés.

La forme publique est nécessaire ; s'ils sont faits dans un seul et même acte, cet acte contiendra la déclaration simultanée et portera la signature de tous les disposants.

529.

6. Prescriptions communes.
a. Langue nationale.

Le testament public sera rédigé dans l'une des langues nationales.

Lorsque le disposant ou l'une des personnes concourant à l'acte ne connaîtra pas la langue employée, il y aura lieu d'appeler un traducteur, qui signera l'acte en y mentionnant la cause de son intervention.

530.

Ceux qui n'ont pas l'exercice des droits civils, ceux qui sont privés de leurs droits civiques, ceux qui ne savent ni lire ni écrire, de même les descendants, ascendants, frères, sœurs et le conjoint du disposant, ne peuvent concourir à l'acte comme officiers publics, traducteurs ou témoins.

b. Personnes concourant à l'acte.

Ces personnes, de même que leurs descendants, ascendants, frères, sœurs et conjoints, ne peuvent recevoir des libéralités dans l'acte.

531.

Le testament altéré par des biffures, ratures, intercalations concernant la date ou les dispositions mêmes de l'acte, est nul pour le tout, si ces altérations n'ont pas été faites dans les formes publique ou olographe.

c. Intégrité du texte.

532.

Le testament pourra être révoqué en tout temps, moyennant observer les formes prescrites pour faire un testament.

II. Révocation et caducité.
1. Révocation.

La révocation peut être totale ou partielle.

533.

Le testateur peut aussi révoquer son testament en le supprimant ou en l'annulant d'une manière quelconque.

2. Suppression de l'acte.

Lorsque l'acte est supprimé ou annulé, soit par cas fortuit, soit par la faute d'un tiers, et qu'il n'est pas possible d'en rétablir exactement et complétement le contenu, le testament est caduc, sous réserve de recours en dommages-intérêts.

534.

Les dispositions postérieures qui ne révoquent pas expressément les précédentes, les remplacent dans la mesure

3. Acte postérieur.

où elles n'en constituent pas indubitablement des clauses complémentaires.

. Est caduc tout legs d'une chose déterminée, lorsqu'il est inconciliable avec un acte par lequel le testateur a disposé postérieurement de cette chose.

535.

B. Pacte successoral. I. Forme.

Le pacte successoral sera reçu dans la forme du testament public.

Les parties contractantes devront simultanément déclarer leur volonté à l'officier public et signer l'acte.

536.

II. Résiliation. 1. Entre-vifs.

Le pacte successoral peut être résilié en tout temps par une convention écrite des parties.

Le disposant peut le résilier de son chef, lorsque l'héritier institué ou la personne gratifiée se rend coupable envers lui d'un acte constituant une cause d'exhérédation.

Celle des parties à laquelle le pacte confère la faculté de réclamer des prestations entre-vifs, peut le résilier en conformité du droit des obligations, si l'autre n'exécute pas ou ne fournit pas des sûretés.

537.

2. En cas de survivance du disposant.

Le pacte successoral est résilié de plein droit lorsque le disposant survit à l'autre partie.

Les héritiers de la partie prédécédée peuvent toutefois, sauf convention contraire, répéter contre le disposant son enrichissement au jour du décès.

538.

C. Quotité disponible réduite.

Les testaments et les pactes successoraux dont l'auteur subit, par mariage ou survenance d'enfants, une diminution de sa faculté de disposer, ne sont point annulés mais deviennent sujets à réduction.

Chapitre V.

Des exécuteurs testamentaires.

539.

Le testateur peut, par une clause de son testament, charger de l'exécution de celui-ci une ou plusieurs personnes capables d'exercer les droits civils. A. Désignation.

Les exécuteurs testamentaires ont droit à une indemnité équitable.

Ils déclareront, dans les quinze jours à partir de la communication officielle, s'ils entendent accepter leur mandat; leur silence équivaut à une acceptation.

540.

Les exécuteurs testamentaires ont, si le disposant n'en a ordonné autrement, les mêmes droits et les mêmes devoirs qu'un administrateur officiel de la succession. B. Etendue des pouvoirs.

Ils sont chargés, en particulier, de gérer les biens héréditaires, de payer les dettes du défunt, d'acquitter les legs et de procéder au partage.

Si plusieurs exécuteurs testamentaires ont été désignés, ils sont réputés avoir reçu un mandat collectif.

Chapitre VI.

De la nullité et de la réduction des dispositions du défunt.

541.

Les dispositions du défunt peuvent être attaquées: A. De l'action en nullité. I. Incapacité de disposer, caractère illicite ou immoral de la disposition.

Lorsqu'elles sont faites par une personne incapable de disposer au moment de l'acte;

Lorsqu'elles ne sont pas l'expression d'une volonté libre;

Lorsqu'elles sont immorales ou illicites soit par elles-mêmes, soit par les conditions dont elles sont affectées.

L'action appartient à tout intéressé.

542.

II. Vices de forme.

Les dispositions du défunt entachées d'un vice de forme sont sujettes à la même nullité que celles faites par un incapable.

Sont valables, les testaments dressés en la forme prescrite par la loi, qui, lors de leur rédaction, était en vigueur dans le lieu où ils ont été faits, au domicile ou dans le pays d'origine du disposant; ou, par la loi qui. lors du décès de ce dernier, était en vigueur à son domicile ou dans son pays d'origine.

Si le vice de forme réside dans le concours au testament de personnes, qui, elles-mêmes ou leurs proches, ont reçu quelque chose dans l'acte, ces libéralités seront seules annulées.

543.

III. Prescription.

L'action se prescrit par une année à compter du jour où le demandeur a eu connaissance de la disposition, ainsi que de la cause de nullité, et, dans tous les cas, par dix ans dès la date de l'ouverture de l'acte.

Elle ne se prescrit jamais que par trente ans contre le défendeur de mauvaise foi, lorsque les dispositions sont nulles à raison soit de leur caractère illicite ou immoral, soit de l'incapacité de leur auteur.

La nullité d'une disposition peut être opposée en tout temps, par voie d'exception, à l'action en pétition d'hérédité.

544.

B. De l'action en réduction.
I. Conditions.
1. En général.

Les héritiers qui ne reçoivent pas le montant de leur réserve, auront l'action en réduction jusqu'à due concurrence contre les libéralités qui excèdent la quotité disponible.

Les clauses relatives à la formation des lots entre héritiers légaux seront tenues pour des décrets de partage.

Les libéralités faites à quelques-uns des héritiers légaux sont réductibles entre cohéritiers, sauf disposition contraire, sur le montant qui excède leur réserve.

545.

2. Droit des créanciers d'un héritier.

L'action en réduction passe jusqu'à due concurrence à la masse en faillite ou aux créanciers de l'héritier lésé contre lequel ils possèdent, au jour de l'ouverture de la succession, un acte de défaut de biens, si cet héritier ne l'intente pas après avoir été sommé de le faire; ils pourront l'introduire de leur chef, et dans les mêmes délais que lui.

La même faculté leur appartient à l'égard d'une exhérédation que l'exhérédé renonce à attaquer.

546.

II. Effets.
1. En général.

La réduction s'opère au marc le franc envers tous les héritiers institués et les autres personnes gratifiées, à moins qu'une intention contraire ne ressorte des dispositions du défunt.

Lorsqu'un legs d'une chose déterminée, qui ne peut être partagée sans dommage, est soumis à réduction, le débiteur du legs a le droit, soit de délivrer la chose même au légataire qui devra lui rembourser l'excédent, soit de la conserver en payant la valeur du disponible.

Si le légataire est un héritier, le débiteur du legs ne peut lui refuser la délivrance de la chose contre remboursement de l'excédent.

547.

2. A l'égard des libéralités entre-vifs.

Sont soumises à la même réduction que les libéralités pour cause de mort :

Celles faites à titre d'avancement d'hoirie sous forme de dot, frais d'établissement ou abandon de biens, même quand elles ne sont pas rapportables;

Celles faites dans des liquidations anticipées de droits héréditaires;

Les aliénations faites par le défunt dans l'intention manifeste d'empiéter sur la réserve;

Les donations révocables, et celles exécutées dans les dix ans qui ont précédé le décès du disposant.

548.

3. Restitution.

Celui qui, de bonne foi, a reçu des libéralités de la part du défunt, n'est tenu de restituer que la valeur de son enrichissement au jour de l'ouverture de la succession.

La partie gratifiée dans un pacte successoral et qui subit l'action en réduction, est autorisée à répéter une part proportionnelle des contre-prestations qu'elle a faites au disposant.

549.

4. A l'égard de libéralités d'usufruits ou de rentes.

Les héritiers de celui qui a grevé sa succession de droits d'usufruit ou de rente au point que, selon toutes probabilités, leur valeur capitalisée excéderait la quotité disponible, ont le choix de faire réduire ces dispositions jusqu'à due concurrence, ou de ne pas les exécuter en abandonnant le disponible aux ayants droit.

550.

5. De l'ordre des réductions.

Les libéralités entre-vifs ne sont réductibles qu'après celles faites par testament ou pacte successoral; la réduction s'opérera en remontant de la dernière donation à la plus ancienne, jusqu'à ce que la réserve soit rétablie.

551.

III. Prescription.

L'action en réduction se prescrit par une année à compter du jour où les héritiers ont eu connaissance de la libéralité excédant la quotité disponible et, dans tous les cas, par dix ans qui courent, à l'égard des dispositions testamentaires, dès l'ouverture de l'acte, et, à l'égard d'autres dispositions, dès l'ouverture de la succession.

Lorsque l'annulation d'une disposition en a fait revivre une précédente, les délais ne courent que du moment où l'annulation a été prononcée.

La réduction peut être opposée en tout temps par voie d'exception.

552.

C. Actions dérivant de pactes successoraux.
I. Droits en cas de transfert entre-vifs des biens.

L'héritier que le disposant a, de son vivant, mis en possession de ses biens en vertu d'un pacte successoral, peut en faire dresser un inventaire avec sommation publique.

Si le disposant ne lui a pas transféré tous ses biens, ou s'il en a acquis par la suite, le pacte successoral ne s'étend, toutes clauses contraires réservées, qu'aux biens dont le transfert a eu lieu.

S'il y a eu transfert entre-vifs, les droits et les obligations dérivant du contrat passent, toutes clauses contraires réservées, à la succession de l'héritier institué.

553.

II. Réduction.

Si les prestations que le disposant a faites entre-vifs à l'héritier renonçant excèdent le disponible, la réduction peut en être demandée par les autres héritiers.

N'est cependant soumis à réduction que le montant qui dépasse la réserve du renonçant.

Le renonçant, obligé par l'effet de la réduction à restituer tout ou partie des dites prestations, a la faculté d'opter entre cette restitution et le rapport de tout ce qu'il a reçu; dans ce dernier cas, il interviendra au partage comme s'il n'avait pas renoncé.

Deuxième partie.

De la dévolution.

Titre quinzième.

De l'ouverture de la succession.

554.

A. Cause de l'ouverture.

La succession s'ouvre par la mort.

Les libéralités et les partages faits du vivant du défunt, et qui intéressent la succession, seront appréciés selon l'état de l'hérédité au jour de son ouverture.

555.

B. Lieu de l'ouverture.

L'ouverture de la succession a lieu au dernier domicile du défunt, pour l'ensemble des biens.

L'ouverture de la succession d'un étranger a lieu, pour les biens situés en Suisse, au dernier domicile, même si la loi d'origine du défunt s'oppose à ce qu'elle s'opère en Suisse; les traités internationaux demeurent réservés.

556.

C. L'héritier.
I. Capacité de recevoir.
1. Jouissance des droits civils.

Peuvent être héritiers et acquérir par testament ou pacte successoral, tous ceux qui ne sont pas sous le coup d'une cause spéciale d'incapacité de recevoir.

Les libéralités faites, dans un but déterminé, à des groupes de personnes qui n'ont point la personnalité civile, sont acquises à ces personnes individuellement, à charge de les appliquer au but prescrit, ou, si faire ne se peut, constituées en fondations.

557.

Sont indignes d'être héritiers et d'acquérir par testament ou pacte successoral: 2. Indignité. a. Causes.

Celui qui s'est rendu coupable de meurtre ou de tentative de meurtre sur la personne du défunt;

Celui qui, à dessein et sans droit, a mis le défunt dans un état d'incapacité permanente de tester;

Celui qui, par violence, menace ou dol, a induit le défunt, soit à faire, soit à révoquer une disposition de dernière volonté, ou qui l'en a empêché;

Celui qui a dissimulé ou détruit sans droit une disposition de dernière volonté du défunt, dans des circonstances telles que celui-ci n'a pu la refaire.

558.

L'indignité est personnelle. b. Effets à l'égard des descendants.

Les descendants de l'indigne succèdent au défunt, comme si leur auteur était prédécédé.

559.

On ne peut être héritier, en vertu de la loi, d'un testament ou d'un pacte successoral, qu'à la condition de survivre au défunt et d'être capable de succéder. II. En cas de survie. 1. Les héritiers.

Les droits de l'héritier décédé après l'ouverture de la succession passent à ses propres héritiers.

560.

Le légataire a droit à la chose léguée, lorsqu'il survit au défunt et qu'il est capable de succéder. 2. Les légataires.

S'il prédécède, son legs profite, sauf disposition contraire, à celui qui eût été chargé de l'acquitter aux termes du testament ou du pacte successoral.

561.

3. Les enfants conçus.

L'enfant conçu est capable de succéder dès le moment de la conception, pourvu qu'il naisse vivant.

L'enfant mort-né ne succède point.

562.

4. Exceptions.

L'hérédité elle-même, ou une chose en dépendant, peut être laissée par une clause de substitution à une personne qui n'est pas conçue lors de l'ouverture de la succession.

Les héritiers légaux ont la qualité de grevés, si le défunt n'en a pas disposé autrement.

563.

D. Déclaration d'absence.
I. Succession d'un absent.
1. Envoi en possession contre sûretés.

Lorsqu'une personne est déclarée absente, les héritiers ou autres personnes gratifiées fourniront des garanties, avant l'envoi en possession, pour assurer la restitution éventuelle des biens, soit à des tiers ayant des droits préférables, soit à l'absent lui-même.

Ces sûretés seront fournies, en cas de disparition de l'absent dans un danger de mort imminent, pour cinq ans à partir de l'envoi en possession, en cas de disparition sans nouvelles, pour quinze ans dès les dernières nouvelles, et au plus jusqu'à l'époque où l'absent aurait atteint l'âge de cent ans.

564.

2. Restitution.

Les envoyés en possession sont tenus de rendre la succession à l'absent lui-même, lorsqu'il vient à se représenter, ou aux tiers ayant des droits préférables, suivant les règles applicables en matière de possession.

S'ils sont de bonne foi, ils doivent en tout temps restituer à l'absent lui-même mais, aux tiers, seulement jusqu'à l'extinction de l'action en pétition d'hérédité.

565.

II. Droit de succession d'un absent.

Il y a lieu de faire administrer d'office la part de l'héritier absent, dont ni l'existence ni la mort au jour de l'ouverture de la succession ne peuvent être prouvées.

Ceux auxquels la part de l'héritier absent serait parvenue à son défaut, pourront se faire envoyer en possession par le juge, un an après l'événement dans lequel cet héritier aura disparu en danger de mort imminent ou cinq ans après réception des dernières nouvelles.

Cette part sera délivrée selon les règles applicables à l'envoi en possession des héritiers d'un absent.

566.

III. Corrélation entre les deux cas.

Lorsque les héritiers d'un absent ont obtenu l'envoi en possession de ses biens et qu'une succession lui est dévolue, ses cohéritiers peuvent invoquer le bénéfice de cet envoi et sont dispensés de requérir à nouveau la déclaration d'absence pour se faire délivrer les biens qui lui sont échus.

Les héritiers de l'absent pourront de même invoquer le bénéfice d'une déclaration d'absence prononcée à la requête de ses cohéritiers.

567.

IV. Procédure d'office.

Le juge ouvrira la procédure en déclaration d'absence à la requête de l'autorité compétente, soit lorsque les biens de la personne disparue ou sa part dans une succession auront été administrés d'office pendant dix ans, soit dès le moment où elle aurait atteint l'âge de cent ans.

Faute d'ayants droit qui se présentent dans le délai de la sommation, les biens passent à l'Etat, qui en demeure responsable envers l'absent lui-même ou les tiers ayant des droits préférables, d'après les mêmes règles que les envoyés en possession.

Titre seizième.

Des effets de la dévolution.

Chapitre premier.

Des mesures de sûreté.

568.

A. En général.

L'autorité compétente du dernier domicile du défunt est tenue de prendre les mesures nécessaires pour assurer la dévolution de l'hérédité.

Ces mesures sont, en particulier, l'apposition des scellés,

l'inventaire, l'administration d'office et l'ouverture des testaments.

Si le défunt est décédé hors de son domicile, l'autorité du lieu du décès communique le fait à celle du domicile et prend les mesures nécessaires pour assurer la conservation des biens situés dans son ressort.

569.

B. Apposition des scellés.

Les scellés seront apposés, lorsqu'un des héritiers est ou doit être placé sous tutelle, lorsqu'il est absent et n'a pas laissé de fondé de pouvoirs, lorsque le bénéfice d'inventaire est requis, comme aussi à la demande d'un héritier ou d'un créancier du défunt.

Ils seront apposés sans délai par les soins de l'autorité compétente.

570.

C. Inventaire.

L'autorité fait dresser inventaire, lorsqu'un des héritiers est ou doit être placé sous tutelle, lorsqu'il est absent et n'a pas laissé de fondé de pouvoirs, comme aussi à la demande d'un héritier.

L'inventaire sera, en règle générale, dressé dans le délai d'un mois conformément au droit cantonal.

571.

D. Administration d'office de la succession.
I. En général.

L'autorité ordonne l'administration d'office de la succession, lorsqu'un des héritiers est absent et n'a pas laissé de fondé de pouvoirs, lorsqu'aucun de ceux qui se disent héritiers ne peut apporter une preuve suffisante de ses droits, lorsque l'existence d'un héritier est incertaine, lorsque le défunt n'a pas laissé d'héritiers connus, enfin dans les autres cas prévus par la loi.

L'administration de l'hérédité sera confiée, le cas échéant, à l'exécuteur testamentaire.

572.

II. Quand les héritiers sont inconnus.

Lorsque l'autorité ignore si le défunt a laissé des héritiers, elle invite, par sommations duement publiées, les ayants droit à faire dans l'année leur déclaration d'héritiers.

La succession passe à l'Etat, s'il ne parvient aucune déclaration dans ce délai; l'action en pétition d'hérédité demeure toutefois réservée.

573.

E. Ouverture des testaments.
I. Obligation de les communiquer.

Les testaments découverts lors du décès seront signalés ou remis sans délai à l'autorité compétente, même s'ils paraissent entachés de nullité.

Sont tenus, sous leur responsabilité personnelle, de satisfaire à cette obligation, le fonctionnaire qui a dressé procès-verbal ou reçu dépôt d'un testament, ainsi que toute personne qui en aura accepté la garde ou qui en aura trouvé un parmi les effets du testateur.

Ensuite de cette communication, l'autorité décidera sans délai s'il y a lieu d'envoyer les héritiers légaux en possession provisoire des biens héréditaires, ou d'ordonner l'administration d'office.

574.

II. Ouverture.

Le testament sera ouvert, dans le mois de la communication, devant l'autorité compétente.

Les héritiers les plus proches connus de l'autorité seront appelés à l'ouverture.

Si le défunt a laissé plusieurs testaments, ils seront tous déposés entre les mains de l'autorité et ouverts d'après les mêmes règles.

575.

III. Communication aux ayants droit.

Tous ceux qui ont des droits sur la succession recevront, aux frais de celle-ci, copie des clauses qui les concernent.

Les personnes gratifiées, qui n'ont point de domicile connu, seront avisées par voie de publications.

Les ayants droit déclareront à l'autorité, dans les quatorze jours à partir de la communication qui leur aura été faite, s'ils reconnaissent le testament ou s'ils le contestent.

576.

IV. Délivrance des biens.

Les héritiers institués peuvent réclamer de l'autorité, après l'expiration du délai de quatorze jours, une attestation de leur qualité d'héritiers, toutes actions d'autres ayants droit réservées, si cette qualité n'a pas été expressément contestée par les héritiers légaux ou les personnes gratifiées dans une disposition plus ancienne.

L'administrateur de la succession sera en même temps chargé de la leur délivrer, le cas échéant.

Il est loisible, au reste, à tous intéressés de faire valoir leurs droits en introduisant l'action en pétition d'hérédité.

Chapitre II.

De l'acquisition de la succession.

577.

A. Acquisition.
I. Héritiers.

Les héritiers acquièrent de plein droit l'universalité de la succession dès l'instant de son ouverture.

Ils sont saisis des créances et actions, des droits de propriété et autres droits réels, ainsi que des biens en possession du défunt et ils deviennent débiteurs personnels des créanciers de la succession; le tout, sous réserve des exceptions fixées par la loi.

L'effet de l'acquisition par les héritiers institués remonte au jour du décès du disposant, et les héritiers légaux sont tenus de leur rendre la succession selon les règles applicables en matière de possession.

578

II. Usufruitiers.

Les usufruits légaux du conjoint survivant, des arrière-grands-parents, des grands-oncles et des grand'tantes sont soumis aux dispositions qui régissent les legs.

579.

III. Légataires.
1. Acquisition du legs.

Les légataires ont une action personnelle contre les débiteurs du legs, ou, s'il n'en a pas été désigné, contre les héritiers légaux ou institués.

Cette action leur est donnée, sauf disposition contraire,

dès que les débiteurs du legs ont accepté la succession ou ne peuvent plus la répudier.

Les héritiers qui ne remplissent pas leurs obligations envers les légataires peuvent être actionnés en délivrance des biens légués, ou en dommages-intérêts si le legs consiste dans l'exécution d'un acte quelconque.

580.

Sauf disposition contraire, les legs d'usufruit sont soumis aux règles concernant les droits réels; ceux de rentes ou d'autres prestations périodiques, aux règles du droit des obligations. 2. Objet du legs.

Le légataire d'une police d'assurance du défunt peut faire valoir directement le droit de créance qui en dérive; ce legs n'est compté, dans le calcul du disponible, que pour le capital des primes payées.

La police d'assurance conclue au profit d'un tiers ou délivrée à un tiers du vivant de l'assuré, est réputée disposition entre-vifs et non legs.

581.

Les droits des créanciers du défunt passent avant ceux des légataires. 3. Droits des créanciers.

Les créanciers personnels de l'héritier ont les mêmes droits que ceux du défunt, lorsque le débiteur accepte purement et simplement la succession.

582.

Les héritiers qui paient, après la délivrance des legs, des dettes héréditaires à eux inconnues auparavant, ont le droit d'exercer une répétition proportionnelle contre les légataires dans la mesure où ils auraient pu réclamer la réduction des legs. 4. Réduction.

Les légataires ne peuvent toutefois être recherchés au delà de leur enrichissement au jour de la répétition.

583.

B. Répudiation.
I. Déclaration à cet effet.
1. Faculté de renoncer.

Les héritiers légaux ou institués ont trois mois pour répudier la succession.

La succession est censée répudiée, lorsque l'insolvabilité du défunt était officiellement constatée au jour du décès.

584.

2. Délai.

Le délai de répudiation court, pour les héritiers légaux, dès le jour où ils ont eu connaissance du décès, à moins qu'ils ne prouvent avoir connu plus tard seulement leur qualité d'héritiers; et pour les institués, dès le moment où ils ont reçu l'avis officiel de la disposition dont dérive leur droit.

Le juge peut accorder une prolongation de délai ou fixer un nouveau délai aux héritiers, s'il y a des motifs suffisants.

585.

3. Héritiers du successible.

Le droit d'accepter ou de répudier de ceux qui meurent avant d'avoir opté, passe à leurs héritiers; mais le délai ne court, à l'égard de ces derniers, que du jour où ils ont connu le fait de la succession échue à leur auteur.

Lorsque la succession répudiée est dévolue à des héritiers qui n'y avaient pas droit auparavant, le délai pour répudier ne court à leur égard que du jour où ils ont eu connaissance de la répudiation.

586.

4. Forme.

La répudiation est déclarée à l'autorité compétente, soit personnellement et de vive voix, soit par écrit.

Elle aura lieu sans condition ni réserve.

L'autorité tient un registre des répudiations.

587.

II. Renonciation au droit de répudier.

Les héritiers qui ne répudient pas dans le délai de trois mois sont héritiers purs et simples.

Est déchu de la faculté de répudier l'héritier qui, avant l'expiration du délai, s'immisce dans les affaires de la succession, fait des actes qui ne rentrent pas dans ceux de simple administration et conservation, divertit enfin ou recèle des objets de l'hérédité.

588.

III. Répudiation d'un des cohéritiers.

La répudiation de l'un des héritiers a les mêmes effets que le pacte de renonciation.

La part d'un héritier institué qui répudie passe, sauf disposition contraire du défunt, aux héritiers légaux les plus proches.

589.

IV. Répudiation de tous les héritiers les plus proches.
1. Sans réserves.

Il y a lieu à liquidation d'office de toute succession répudiée par les héritiers légaux du rang le plus proche.

Lorsque la succession est répudiée par les descendants, le conjoint survivant en est avisé et il a un délai de quinze jours pour accepter.

Le solde de la liquidation, après paiement des dettes, est attribué aux ayants droit, comme s'ils n'avaient pas répudié.

590.

2. Avec réserves.

Les héritiers peuvent répudier sous la réserve, qu'avant la liquidation d'office, ceux qui, à leur défaut, seraient les héritiers les plus proches soient mis en demeure de se prononcer.

L'autorité donne avis de la répudiation à ces derniers; le défaut d'acceptation dans les quatorze jours équivaut à une répudiation.

591.

V. Répudiation du legs.

La répudiation du legs profite à celui qui en est débiteur, à moins qu'une intention contraire ne résulte du testament ou du pacte successoral.

592.

VI. Protection des droits des créanciers de l'héritier.

Lorsqu'un héritier insolvable répudie dans le but évident de porter préjudice à ses créanciers, ceux-ci ou la masse en faillite ont le droit d'attaquer la répudiation dans l'année, à moins qu'il ne leur soit fourni des sûretés.

La succession est liquidée d'office, si la nullité de la répudiation a été prononcée.

Chapitre III.

Du bénéfice d'inventaire.

593.

A. Conditions.

L'héritier qui n'a pas perdu la faculté de répudier peut réclamer le bénéfice d'inventaire.

La requête sera présentée à l'autorité dans le même délai et les mêmes formes que la déclaration de répudiation.

La requête de l'un des héritiers profite aux autres.

594.

B. Procédure. I. Inventaire.

L'inventaire sera dressé par l'autorité compétente suivant les règles fixées par la législation cantonale et fournira l'état de l'actif et du passif de la succession.

Tous les objets compris dans l'inventaire seront estimés.

Quiconque possède des renseignements sur la situation financière du défunt est tenu de les donner, à la demande de l'autorité.

595.

II. Sommation publique.

L'inventaire est précédé d'une sommation dûment publiée, invitant les créanciers du défunt, même en vertu de cautionnements, et ses débiteurs, à produire leurs créances et à annoncer leurs dettes dans un délai déterminé à l'autorité compétente.

Le délai est d'un mois au moins à partir de la première publication.

596.

III. Inventorisation d'office.

Les créances et les dettes dont l'autorité peut constater l'existence dans des registres publics ou dans les papiers du défunt, sont inventoriées d'office ; avis en sera donné aux créanciers et débiteurs.

597.

IV. Résultat.

L'inventaire sera clos le plus tôt possible, après l'expiration du délai de la sommation, et déposé ensuite pour que les intéressés puissent en prendre connaissance.

Les frais de l'inventaire sont supportés par la succession, et, en cas d'insuffisance de celle-ci, par les héritiers qui l'ont requis.

598.

C. Situation des héritiers pendant l'inventaire.
I. Administration.

On ne procédera, pendant l'inventaire, qu'aux actes d'administration nécessaires.

Lorsque l'autorité permet que les affaires du défunt soient continuées par l'un des héritiers, les cohéritiers peuvent exiger des sûretés.

599.

II. Poursuites et procès.

Toutes poursuites à raison des dettes de la succession sont suspendues pendant l'inventaire.

Les procès en cours sont également suspendus; il ne peut en être intenté de nouveaux.

La prescription ne court pas.

600.

D. Effets.
I. Délai pour prendre parti.

Chaque héritier a, pour prendre parti, un mois dès l'avis qui lui sera donné de la clôture de l'inventaire.

Il a la faculté de répudier, de requérir la liquidation officielle, d'accepter sous bénéfice d'inventaire, ou purement et simplement.

Son silence équivaut à l'acceptation sous bénéfice d'inventaire.

601.

II. Effets de l'acceptation sous bénéfice d'inventaire.
1. Responsabilité d'après l'inventaire.

L'héritier qui accepte sous bénéfice d'inventaire reçoit la succession, dans l'état actif et passif constaté par l'inventaire.

L'acquisition de l'actif et du passif héréditaires remonte au jour de l'ouverture de la succession.

L'héritier est tenu personnellement des dettes inventorisées, tant sur les biens de la succession que sur les siens propres.

602.

2 Responsabilité au delà de l'inventaire.

Les créanciers du défunt, qui ont omis de produire à temps dans l'inventaire, ne peuvent rechercher les héritiers personnellement.

Ceux-ci toutefois sont tenus, jusqu'à concurrence de leur enrichissement, envers les créanciers qui ont omis de produire sans leur faute.

603.

E. Responsabilité à l'égard des cautionnements.

Les cautionnements du défunt sont portés séparément à l'inventaire; les héritiers n'en sont tenus, même s'ils acceptent purement et simplement, que sur ce qui reste après paiement des autres dettes.

604.

F. Successions dévolues à l'Etat.

Toute succession dévolue à l'Etat est inventoriée selon les règles ci-dessus, et l'Etat n'est tenu que jusqu'à concurrence de son émolument.

Chapitre IV.

De la liquidation officielle.

605.

A. Conditions.
I. A la requête d'un héritier.

L'héritier peut, au lieu de répudier ou d'accepter sous

bénéfice d'inventaire, requérir la liquidation officielle de la succession.

Il n'est pas fait droit à cette demande, si l'un des héritiers accepte purement et simplement.

En cas de liquidation officielle, les héritiers ne sont pas tenus des dettes de la succession.

606.

II. A la requête des créanciers. 1. Du défunt.

Les créanciers du défunt ont la faculté, lorsqu'ils ont des raisons sérieuses de craindre que les dettes de la succession ne soient pas payées, de requérir la liquidation officielle dans les trois mois à partir du jour du décès ou de l'ouverture du testament.

Les légataires sont autorisés, dans les mêmes circonstances, à requérir des mesures conservatoires pour la sauvegarde de leurs droits.

Les héritiers peuvent prévenir la liquidation, en payant ou en garantissant les créanciers requérants dans le mois qui suit le dépôt de la requête.

607.

2. De l'héritier.

Lorsque les créanciers d'un héritier peuvent établir que leur débiteur se rend insolvable par l'acceptation d'une succession obérée, ils ont le droit de lui réclamer des sûretés dans le délai d'un mois, ou, faute par lui de les fournir, de requérir la liquidation officielle de l'hérédité.

Le délai court dès le moment où la succession ne peut plus être répudiée.

608.

B. Procédure. I. Administration.

La liquidation officielle sera faite par l'autorité, ou, en son nom, par un ou plusieurs administrateurs.

Il y a lieu, en première ligne, de dresser un inventaire que l'autorité, si elle le juge à propos, peut compléter au moyen de la sommation prévue en matière de bénéfice d'inventaire.

L'administrateur est placé sous le contrôle de l'autorité, et les héritiers peuvent recourir à celle-ci contre les mesures projetées ou prises par lui.

609.

II. Liquidation.

La liquidation comprend le règlement des affaires courantes du défunt, la reconnaissance judiciaire, en tant que besoin, de ses droits et de ses engagements, l'exécution de ses obligations, le recouvrement des créances, l'acquittement des legs et la réalisation de l'actif.

La vente des immeubles du défunt aura lieu aux enchères publiques, à moins que tous les héritiers n'en décident autrement.

Les héritiers peuvent demander, avant la fin de la liquidation, la délivrance de tout ou partie des objets ou du numéraire qui ne sont point nécessaires pour liquider la succession.

610.

III. Liquidation comme en cas de faillite.

La liquidation des successions insolvables s'opère suivant les règles concernant la faillite.

Chapitre V.

De l'action en pétition d'hérédité.

611.

A. Conditions.

L'action en pétition d'hérédité appartient à toute personne qui se croit autorisée à faire valoir, comme héritier légal ou institué, sur une succession ou sur des biens qui en dépendent, des droits préférables à ceux du possesseur.

Le juge ordonne, à la requête du demandeur, les mesures nécessaires pour garantir les droits de ce dernier, telles que l'annotation au registre foncier et la prestation de sûretés.

612.

B. Effets.

Le possesseur restituera au demandeur qui obtient gain de cause la succession ou les biens qui en dépendent, selon les règles applicables en matière de possession.

613.

L'action en pétition d'hérédité se prescrit, contre le possesseur de bonne foi, par un an à compter du jour où le demandeur a eu connaissance de la possession du défendeur et du fait qui lui donne des droits préférables à ceux de ce dernier; dans tous les cas, par dix ans, qui courent dès le décès ou dès l'ouverture du testament.

C. Prescription.

Elle ne se prescrit que par trente ans contre le possesseur de mauvaise foi.

614.

L'action du légataire se prescrit par dix années, à partir du jour où il a été avisé de la libéralité.

D. Action du légataire en délivrance du legs.

Titre dix-septième.

Du partage.

Chapitre premier.

De l'indivision.

615.

Les droits et les obligations composant la succession restent indivis entre cohéritiers, jusqu'au moment du partage.

A. Effets de l'ouverture de la succession.
I. Communauté héréditaire.

La succession constitue une communauté; les héritiers disposent en commun des droits qui en dépendent, sous réserve de règles particulières concernant la représentation et l'administration.

L'autorité compétente, à la requête de l'un des héritiers, peut désigner, jusqu'au partage, un représentant de la communauté héréditaire.

616.

Les héritiers sont tenus solidairement des dettes du défunt.

II. Responsabilité des héritiers.

617.

B. Action en partage.

Chaque héritier a le droit de demander en tout temps le partage de la succession, sauf disposition ou convention contraire.

Le juge peut, à la requête d'un héritier, ordonner qu'il soit sursis au partage, si la valeur des biens devait être notablement diminuée par une liquidation immédiate.

Les cohéritiers d'un insolvable pourront, aussitôt après l'ouverture de la succession, requérir des mesures conservatoires pour la sauvegarde de leurs droits.

618.

C. Ajournement du partage.

Lorsqu'il y a lieu de prendre en considération les droits d'un enfant conçu au jour de l'ouverture de la succession, le partage est ajourné jusqu'à la naissance.

Dans l'intervalle, la mère partage la jouissance de la succession indivise.

619.

D. Droits de ceux qui faisaient ménage commun avec le défunt.

Les héritiers qui, au moment du décès, avaient le logement et la nourriture dans la maison et aux frais du défunt, ont le droit d'exiger que la succession supporte ces charges durant le mois qui suit.

Chapitre II.

Du mode de partage.

620.

A. En général.

Les héritiers légaux partagent entre eux et avec les héritiers institués d'après les mêmes règles.

Ils peuvent, si le contraire n'est ordonné, partager à l'amiable.

Les héritiers, possesseurs de biens de l'hérédité ou débiteurs du défunt, fourniront à cet égard des renseignements précis lors du partage.

621.

Le disposant peut, par testament ou pacte successoral, prescrire à ses héritiers un certain mode de partage et de formation des lots.

B. Décrets de partage.
I. De la part du défunt.

Ces ordres sont obligatoires pour les héritiers, sous réserve de rétablir, le cas échéant, l'égalité des lots à laquelle le disposant n'aurait pas eu l'intention de porter atteinte.

L'attribution d'un objet de la succession à l'un des héritiers n'est pas réputée legs, mais simple décret de partage.

622.

A la requête d'un héritier, ou si le défunt l'a ainsi ordonné, le partage est fait par l'autorité compétente.

II. De la part de l'autorité.

L'autorité interviendra au partage pour le compte de l'héritier contre lequel un acte de défaut de biens a été délivré.

La législation cantonale pourra prescrire, dans d'autres cas encore, l'intervention de l'autorité dans le partage.

623.

Les héritiers ont, sauf disposition contraire, un droit égal, lors de partage, à chacun des biens de la succession.

C. Mode du partage.
I. Partage en nature.

Chaque héritier peut demander que les dettes du défunt soient payées ou garanties avant le partage.

624.

Les objets de la succession qui ne peuvent être partagés sans subir une dépréciation notable seront attribués à l'un des héritiers.

II. Attribution et vente de certains biens héréditaires.

Les biens sur le partage ou l'attribution desquels les héritiers ne peuvent s'entendre seront vendus, et le prix en sera réparti.

La vente se fera aux enchères publiques, si l'un des héritiers le demande.

625.

III. Des lots.

Il est procédé à la composition d'autant de lots qu'il y a d'héritiers ou de souches copartageantes.

Faute par les héritiers de s'entendre, chacun d'eux peut demander que l'autorité compétente forme les lots; celle-ci tiendra compte des usages locaux, de la situation personnelle des héritiers, ainsi que des vœux de la majorité.

Les héritiers se répartissent les lots; à défaut d'entente, les lots sont tirés au sort.

626.

D. Prescriptions relatives à certains objets.
I. Outillages, papiers de famille, etc.

Des objets qui forment un tout par leur nature, comme un outillage, un mobilier, une parure, une collection, une bibliothèque, de même que les papiers de famille et les choses qui ont une valeur d'affection pour les cohéritiers, ne seront point partagés, si l'un des héritiers s'y oppose.

Faute par les héritiers de s'entendre, l'autorité décide de l'attribution de ces objets, avec ou sans imputation, ou de leur vente, en tenant compte des usages locaux, de la situation personnelle des héritiers et des vœux de la majorité.

627.

II. Créances du défunt contre l'héritier.

Les créances que le défunt avait contre l'un des héritiers sont imputées sur la part de celui-ci.

628.

III. Biens de la succession grevés de gages.

L'héritier auquel sont attribués des biens affectés à la garantie de dettes du défunt, sera chargé de ces dettes.

629.

IV. Biens-fonds.

Les Cantons ont le droit de prescrire que les biens-fonds ne pourront, si l'un des héritiers le demande, être morcelés au delà d'un minimum de contenance fixé pour les différentes espèces de culture.

630.

V. Exploitations. 1. Exclusion du partage.

Une exploitation agricole, ou telle autre exploitation formant un tout avec un immeuble y affecté, sera, pour autant qu'elle n'est pas commodément partageable, attribuée entièrement à l'un des héritiers s'il le demande et paraît capable de s'en charger; le prix en sera fixé équitablement et s'imputera sur la part de l'héritier.

Lorsqu'un autre héritier s'y oppose ou que des compétitions se produisent, l'autorité décide de l'attribution en tenant compte des usages locaux, de la situation personnelle des héritiers et des vœux de la majorité; elle peut aussi ordonner la vente ou le partage de l'exploitation.

631.

2. Indivision en participation.

L'héritier auquel l'exploitation a été attribuée peut demander qu'il soit sursis au partage et à la liquidation des droits de ses cohéritiers relativement à cette exploitation, lorsque ses immeubles se trouveraient grevés, les charges existantes y comprises, au delà des deux tiers de la valeur estimative, par les sûretés à fournir à ses copartageants.

Les héritiers forment, dans ce cas, une indivision en participation.

632.

3. Dissolution de l'indivision.

Lorsque l'héritier acquiert les moyens de liquider sa situation sans grever ses biens à l'excès, ses cohéritiers peuvent dénoncer l'indivision et réclamer leur part.

Il est autorisé lui-même, sauf convention contraire, à demander en tout temps la dissolution de l'indivision.

Chapitre III.

Des rapports.

633.

A. Obligation de rapporter.

Les héritiers sont tenus l'un envers l'autre au rapport

de toutes les libéralités entre-vifs reçues à titre d'avancement d'hoirie.

Ils auront, dans ce but, à se communiquer sur leur situation envers le défunt, tous les renseignements de nature à permettre une répartition égale et juste des biens héréditaires.

634.

B. Rapport entre descendants.

Tous avancements d'hoirie sous forme de dot, frais d'établissement et abandon de biens, seront, sauf disposition expresse et contraire du défunt, rapportés par les descendants lors du partage ou imputés sur leurs droits.

Les descendants qui héritent par représentation seront tenus de rapporter les libéralités faites à leur auteur, même si elles ne leur sont point parvenues.

635.

C. Conditions.

Le rapport se fait en nature ou en moins prenant.

L'imputation aura lieu d'après la valeur des libéralités au jour de l'ouverture de la succession, ou d'après le prix de vente des choses aliénées.

Relativement aux fruits perçus, impenses et dépréciations, les héritiers ont les droits et les obligations du possesseur de bonne foi.

636.

D. Frais d'éducation.

Les frais d'éducation des enfants ne sont pas rapportables, à moins qu'une intention contraire du défunt ne puisse être établie.

Il y aura lieu d'indemniser équitablement ceux des enfants qui ne sont pas élevés lors du décès, si l'indivision n'est point maintenue.

637.

E. Présents d'usage.

Les présents d'usage ne sont pas sujets au rapport.

Chapitre IV.

De la clôture et des effets du partage.

638.

Le partage est obligatoire pour les héritiers, dès que les lots ont été distribués et acceptés, ou lorsqu'il a été fait en la forme écrite.

A. Clôture du partage. I. Convention de partage.

639.

La forme écrite est nécessaire pour les cessions de droits successifs entre cohéritiers, ainsi que pour les contrats passés entre père ou mère et leurs enfants au sujet de la part échue à ces derniers du chef de leur auteur prédécédé.

II. Convention sur parts héréditaires.

Si ces conventions sont passées entre l'un des cohéritiers et un tiers, celui-ci n'obtient pas le droit d'intervenir dans le partage; il ne peut prétendre qu'à la part attribuée à son cédant.

640.

Sont nuls et de nul effet tous contrats passés au sujet d'une succession non ouverte par un héritier avec ses cohéritiers ou un tiers, sans le concours de celui dont l'hérédité a fait l'objet de la convention.

III. Pactes sur successions non ouvertes.

Celui qui a payé quelque chose en vertu d'une semblable convention a le droit de le répéter.

641.

Les cohéritiers demeurent, après le partage, garants les uns envers les autres, suivant les règles de la vente.

B. Garantie entre cohéritiers.

Ils se garantissent l'existence des créances attribuées dans le partage et répondent, comme une caution simple, de la solvabilité des débiteurs, jusqu'à concurrence de la valeur pour laquelle elles ont été comptées au partage.

Les partages sont rescindables pour les mêmes causes que les autres contrats.

642.

C. Responsabilité envers les tiers. I. Solidarité.

Les héritiers sont tenus solidairement, même après le partage et sur tous leurs biens, des dettes de la succession, à moins que les créanciers de celle-ci n'aient consenti expressément ou tacitement à la division ou à la délégation de ces dettes.

La solidarité cesse toutefois cinq ans à compter, soit du partage, soit du moment où la créance devient exigible, si son exigibilité est postérieure au partage.

643.

II. Recours entre héritiers.

L'héritier qui a payé une dette dont il n'avait pas été chargé, ou une part de dette supérieure à sa portion contributoire, a de ce chef un droit de recours contre ses cohéritiers.

Ce recours sera dirigé en première ligne contre l'héritier qui avait été chargé de la dette lors du partage, sinon contre chacun des héritiers pour sa part héréditaire.

Livre quatrième.

Des droits réels.

DES DROITS RÉELS.

Première Partie.

De la propriété.

Titre dix-huitième.

Dispositions générales.

644.

Le propriétaire d'une chose a le droit d'en disposer librement, dans les limites de la loi. A. Eléments du droit de propriété.

Il peut en user de la manière la plus absolue, pourvu qu'il ne le fasse pas dans le but évident de nuire à autrui.

Il pourra la revendiquer contre quiconque la détient sans droit, et repousser toute usurpation.

645.

Le propriétaire d'une chose l'est nécessairement de tout ce qui en fait partie intégrante. B. Etendue du droit de propriété. I. Les parties intégrantes.

En fait partie intégrante tout ce qui s'y trouve incorporé et n'en peut être séparé sans destruction, détérioration ou altération de la chose; on s'en rapportera aux usages établis en cette matière.

646.

II. Les fruits.

Le propriétaire d'une chose l'est également des fruits.

Les fruits sont les produits périodiques, et tout ce que l'usage autorise à tirer de la chose conformément à sa destination.

Les fruits naturels font partie intégrante de la chose jusqu'à leur séparation.

647.

III. Les accessoires.
1. Définition.

Tout acte de disposition relatif à la chose principale s'étend aux accessoires, si le contraire n'a été réservé.

Sont accessoires les objets mobiliers qui, dans l'usage ou selon la volonté manifeste du propriétaire de la chose principale, sont consacrés à l'exploitation, à la jouissance ou à la garde de celle-ci, et que le propriétaire y a placés, adaptés ou rattachés de toute manière conforme à leur destination.

Les accessoires ne perdent point leur qualité par l'effet d'une séparation passagère d'avec la chose principale.

648.

2. Restriction.

Les objets mobiliers affectés temporairement à l'usage du possesseur de la chose principale, ceux qui sont étrangers à la destination de celle-ci, ceux qui n'y ont été placés que pour être gardés ou déposés à fin de vente ou de louage, ne peuvent être des accessoires.

649.

C. Propriété de plusieurs sur une chose.
I. Copropriété.
1. Rapports entre les copropriétaires.

Lorsque plusieurs sont propriétaires d'une chose, chacun pour une quote-part, ils en sont copropriétaires.

Chacun d'eux a les droits et les charges du propriétaire en raison de sa part; il peut l'aliéner ou l'engager, et ses créanciers peuvent la saisir.

Les parts sont présumées égales.

650.

Les copropriétaires administrent la chose en commun, sauf convention contraire. 2. Actes d'administration.

Chacun d'eux a qualité, si la majorité n'en dispose autrement, de faire les actes d'administration courante, tels que réparations d'entretien et travaux de culture.

Les actes plus importants, tels que changements de culture, grosses réparations, garde de la chose, ne peuvent être décidés qu'à la majorité des copropriétaires représentant en outre, par leurs parts réunies, plus de la moitié de la chose.

651.

Chaque copropriétaire peut veiller aux intérêts communs, jouir de la chose et en user dans la mesure compatible avec le droit des autres. 3. Actes de disposition.

Le concours de tous est nécessaire pour les aliénations, constitutions de droits réels ou changements dans la destination de la chose, à moins qu'une convention unanime n'ait établi d'autres règles à cet égard.

652.

Les frais d'administration, impôts et autres charges résultant de la copropriété ou grevant la chose commune sont supportés, sauf disposition contraire, par tous les copropriétaires en raison de leurs parts. 4. Contribution aux frais et charges.

Si l'un des copropriétaires en fait l'avance, il a recours contre les autres dans la même proportion.

653.

Chacun des copropriétaires a le droit d'exiger qu'il soit mis fin à l'indivision, s'il n'est tenu d'y demeurer pour quelque cause particulière. 5. Fin de la copropriété. a. Action en partage.

La rupture d'indivision ne doit pas avoir lieu à contretemps.

654.

b. Modes du partage.

L'indivision cesse par le partage en nature, par la vente de gré à gré ou aux enchères publiques suivie de la répartition du prix, et par l'acquisition que l'un ou plusieurs des copropriétaires font des parts des autres.

Si les copropriétaires ne peuvent s'entendre sur le mode du partage, le juge le détermine librement.

655.

II. Propriété commune.
1. Cas.

Lorsque plusieurs personnes, formant une communauté en vertu de la loi ou du contrat, sont propriétaires d'une chose, le droit de chaque communiste s'étend à la chose entière, et non à une quote-part.

656.

2. Effets.

Les droits et les devoirs des communistes sont déterminés par les règles applicables à la communauté légale ou contractuelle qui les unit.

A défaut de règle spéciale, les droits des communistes, en particulier celui de disposer de la chose, ne peuvent être exercés qu'ensuite d'une décision unanime.

657.

3. Fin.

L'indivision cesse par l'aliénation de la chose ou à la fin de la communauté.

Le partage s'opère, sauf disposition contraire, comme en matière de copropriété.

Titre dix-neuvième.

De la propriété foncière.

Chapitre premier.

De l'objet, de l'acquisition et de la perte de la propriété foncière.

658.

A. Objet de la propriété foncière.

La propriété foncière a pour objet les immeubles.

Sont immeubles:

Les biens-fonds;

Les droits distincts et permanents, immatriculés au registre foncier, comme les concessions hydrauliques et les droits de superficie;

Les mines.

659.

B. Acquisition de la propriété foncière.
I. Condition.

L'inscription au registre foncier est nécessaire pour l'acquisition de la propriété foncière.

660.

II. Titres d'acquisition.
1. Occupation.

On ne peut acquérir par occupation un immeuble immatriculé, que s'il résulte du registre foncier que cet immeuble est devenu chose sans maître.

L'occupation des portions du sol qui ne sont pas immatriculées est soumise aux règles concernant les choses sans maître.

661.

2. Formation de nouvelles terres.

Les terres propres à la culture, qui se forment dans les régions sans maître par alluvion, remblais, glissements de terrain, changements de cours ou de niveau des eaux publiques, appartiennent au Canton dans lequel elles se trouvent.

Les Cantons peuvent les abandonner aux propriétaires riverains, notamment dans les cas d'alluvion et de remblai.

Le tout sous réserve, pour celui qui prouverait que des matériaux ont été arrachés à son immeuble, du droit de les reprendre dans un délai convenable.

662.

3. Glissements de terrain.

Les glissements de terrain ne modifient ni la situation, ni les limites des immeubles.

Les terres et les autres objets transportés ainsi d'un immeuble sur l'autre sont soumis aux règles concernant les épaves ou l'accession.

663.

4. Disposition de l'homme.

Il sera passé acte authentique, sous peine de nullité, de tout contrat ayant pour objet le transfert de la propriété.

Le legs et le contrat de mariage demeurent soumis aux formes qui leur sont propres.

664.

5. Prescription. a. Ordinaire.

Celui qui aura été inscrit induement au registre foncier comme propriétaire d'un immeuble, peut, après avoir possédé l'immeuble de bonne foi, sans interruption et paisiblement, pendant dix ans, demander au juge qu'il le reconnaisse propriétaire par prescription.

Il en est de même de celui qui, croyant être devenu propriétaire en vertu d'un juste titre, aura possédé un immeuble non immatriculé ou dont le registre foncier ne révèle pas le propriétaire, ou dont le propriétaire est mort ou déclaré absent depuis plus de dix ans.

665.

b. Extraordinaire.

Celui qui aura possédé pendant trente ans, sans interruption, paisiblement, de bonne foi et comme propriétaire, un immeuble non immatriculé ou dont le registre foncier ne révèle pas le propriétaire, ou dont le propriétaire est mort ou déclaré absent depuis plus de trente ans, pourra demander au juge qu'il le reconnaisse propriétaire par prescription, encore qu'il ne puisse se prévaloir d'un juste titre.

666.

c. Délais.

Les règles établies pour la prescription des créances s'appliquent à la computation des délais, à l'interruption et à la suspension de la prescription acquisitive.

667.

III. Droit à l'inscription.

Celui qui est au bénéfice d'un titre d'acquisition a le droit d'exiger du propriétaire qu'il fasse opérer l'inscription.

L'occupation, l'héritage, l'expropriation, l'exécution forcée et le jugement confèrent à l'acquéreur le droit de requérir l'inscription de son chef.

668.

C. Perte de la propriété foncière.

La propriété foncière s'éteint par la radiation de l'inscription, ainsi que par la perte totale de l'immeuble.

En cas d'expropriation, le moment où la propriété s'éteint est déterminé par les lois spéciales de la Confédération et des Cantons.

Chapitre II.

Des effets de la propriété foncière.

669.

A. Etendue de la propriété foncière.
I. En général.

La propriété du sol emporte celle du dessus et du dessous, dans toute la hauteur et la profondeur utiles à son exercice.

Elle comprend, sous réserve des restrictions légales, les plantations, les constructions et les sources.

670.

II. Limites.
1. Indication des limites.

Les limites des immeubles sont déterminées par le plan et par la démarcation sur le terrain.

S'il y a contradiction entre les limites du plan et celles marquées sur le terrain, l'exactitude des premières est présumée.

671.

2. Obligation de borner.

Lorsque des limites sont incertaines, chacun des voisins est tenu, à la réquisition de l'autre, de concourir à les fixer, soit par la rectification du plan, soit par la démarcation sur le terrain.

672.

3. Démarcations communes.

Les clôtures servant à la démarcation de deux immeubles, telles que murs, haies, barrières, qui se trouvent sur la ligne séparative des fonds, sont présumées appartenir en copropriété aux deux voisins.

673.

III. Constructions sur le fonds.
1. Fonds et matériaux.
a. Propriété.

Lorsqu'un propriétaire emploie les matériaux d'autrui pour des constructions sur son propre fonds, ou qu'un tiers emploie ses propres matériaux sur le fonds d'autrui, ils deviennent partie intégrante de l'immeuble.

Celui sans la volonté duquel les matériaux ont été ainsi employés a néanmoins le droit d'exiger leur séparation aux frais de l'autre, pourvu qu'il n'en résulte pas un dommage excessif.

674.

b. Indemnités.

Lorsque la séparation n'a pas lieu, le propriétaire du fonds est tenu de payer pour les matériaux une indemnité que le juge fixe librement.

Si les constructions ont été faites de mauvaise foi par le propriétaire du fonds, il pourra être condamné à la réparation intégrale du dommage, et, si elles ont été faites de mauvaise foi par le propriétaire des matériaux, l'indemnité pourra n'être que de la valeur des constructions pour le propriétaire même du fonds.

Si la valeur des constructions excède évidemment celle du fonds, la partie qui est de bonne foi pourra demander que l'indemnité soit remplacée par l'attribution en copropriété du fonds et des constructions, en proportion de leur valeur, ou par le partage à teneur des règles concernant la copropriété.

675.

2. Empiètement de constructions sur le fonds d'autrui.

Les constructions ou autres ouvrages qui empiètent sur le fonds voisin demeurent partie intégrante de l'autre fonds, lorsque le propriétaire de celui-ci est au bénéfice d'un droit réel.

Ces empiètements sont inscrits comme servitudes au registre foncier.

Lorsque le propriétaire sur le fonds duquel un empiètement illicite a été commis ne s'y est pas opposé dès le commencement des travaux, le juge pourra, si l'équité l'exige, accorder à l'auteur des constructions la faculté de conserver ses ouvrages ou d'acquérir la propriété de la surface usurpée, moyennant une indemnité en capital ou en rente.

676.

Les constructions ou autres ouvrages faisant corps avec un fonds peuvent avoir un propriétaire distinct, à condition d'être inscrits comme servitudes au registre foncier. 3. Droit de superficie.

677.

Les constructions légères, telles que chalets, boutiques, baraques, greniers, établies sur le fonds d'autrui sans intention de les y fixer à demeure, conservent leur propriétaire. 4. Constructions mobilières.

Elles ne sont pas inscrites au registre foncier.

678.

Si quelqu'un a mis dans son fonds des plantes appartenant à autrui, ou ses propres plantes dans le fonds d'un tiers, les intéressés ont les mêmes droits et obligations que dans le cas de constructions élevées sur un fonds avec des matériaux étrangers, ou de constructions mobilières. IV. Plantations.

Il est interdit de constituer, sur des arbres ou des forêts, un droit analogue au droit de superficie.

679.

Quiconque est atteint ou menacé de dommage par l'abus qu'un propriétaire fait de son droit, a contre lui une action pour le contraindre à remettre les choses en l'état, ou à prendre des mesures propres à écarter le danger, sans préjudice de tous dommages-intérêts. V. Responsabilité du propriétaire.

Sont réservées les règles du droit public concernant la protection des personnes et des propriétés.

680.

B. Restrictions de la propriété foncière.
I. En général.

Les restrictions légales de la propriété ne sont pas inscrites au registre foncier.

Toute suppression ou modification conventionnelle de ces restrictions doit être constatée par acte authentique et ne reçoit le caractère de droit réel que par l'inscription.

On ne peut supprimer ni modifier les restrictions établies dans l'intérêt public.

681.

II. Quant au droit d'aliénation.
1. Préemption.
a. Ensuite d'annotation.

Lorsqu'un droit de préemption est annoté au registre foncier, celui au profit duquel il a été constitué peut, en cas de vente de l'immeuble dans le délai inscrit, exiger de tout acquéreur que cet immeuble lui soit transféré aux prix et conditions fixés dans la vente.

Cette faculté cesse un mois après le jour où l'ayant droit a connu la vente et, dans tous les cas, dix ans à partir de l'annotation.

682.

b. Entre copropriétaires.

Les copropriétaires ont un droit de préemption légal contre tout tiers acquéreur d'une quote-part de l'immeuble indivis.

683.

2. Réméré.

Lorsqu'un droit de réméré a été annoté au registre foncier, il subsiste, pour le temps marqué dans l'annotation, en faveur du vendeur et de ses héritiers contre tout propriétaire de l'immeuble.

Cette faculté cesse, dans tous les cas, dix ans à partir de l'annotation.

684.

III. Rapports de voisinage.
1. Nature de l'exploitation.

Le propriétaire est tenu, dans l'exercice de son droit, spécialement dans ses travaux d'exploitation industrielle, de s'abstenir de tout excès préjudiciable à la propriété du voisin.

Sont interdits en particulier les émissions de fumée ou de suie, les émanations nuisibles ou incommodantes, les bruits, trépidations, excédant les limites de la tolérance raisonnable que se doivent les voisins, eu égard à l'usage des lieux, à la situation et à la nature des immeubles.

685.

2. Fouilles et constructions.

Le propriétaire qui fait des fouilles ou des constructions ne doit pas nuire à ses voisins en ébranlant leur terrain ou en compromettant les ouvrages qui y existent.

Le droit cantonal détermine les distances que les propriétaires sont tenus d'observer entre eux pour les fouilles ou constructions.

Il appartient aux Cantons d'arrêter des règlements de police pour les constructions; ils peuvent autoriser celui qui construit des murs de séparation et autres ouvrages semblables, à les élever sur la ligne séparative des fonds, sauf le droit du voisin de se faire indemniser ou d'acquérir la mitoyenneté.

686.

3. Plantes.
a. Règle.

Chaque propriétaire a le droit de couper et de s'approprier les branches et les racines qui avancent sur son immeuble, si elles lui portent préjudice et si, après réclamation, le voisin ne les enlève pas dans un délai convenable.

Le propriétaire qui laisse les branches d'arbres voisins avancer sur ses bâtiments ou ses cultures a droit aux fruits de ces branches.

687.

b. Exceptions réservées au droit cantonal.

Le droit cantonal détermine les distances que les propriétaires sont tenus d'observer dans leurs plantations, selon les diverses espèces de plantes et d'immeubles; il peut, d'autre part, obliger les voisins à souffrir que les branches et les racines d'arbres fruitiers avancent sur leurs fonds.

Le propriétaire a droit, dans ce cas, aux fruits des branches qui avancent sur ses bâtiments ou ses cultures.

688.

4. Ecoulement des eaux.

Le propriétaire est tenu de recevoir sur son fonds les

eaux de pluie, de source ou de neige qui s'écoulent naturellement du fonds supérieur.

Aucun des voisins ne peut modifier cet écoulement naturel au détriment de l'autre.

L'eau nécessaire au fonds inférieur ne peut être retenue par le propriétaire supérieur que dans la mesure où elle est indispensable à son propre fonds.

689.

5. Aqueducs et autres conduites.

Le propriétaire est tenu, contre réparation intégrale du dommage, d'accorder à travers son fonds l'établissement d'aqueducs, de drains et autres canaux semblables, ainsi que de conduites électriques aériennes ou souterraines; mais il peut exiger que ses intérêts soient pris équitablement en considération.

Si les circonstances se modifient, le propriétaire grevé peut exiger que ces installations soient déplacées conformément à ses intérêts; le juge répartit équitablement les frais.

Ces installations seront, sur la réquisition de l'ayant droit, inscrites à ses frais au registre foncier.

690.

6. Droits de passage.
a. Passage nécessaire.

Le propriétaire dont le fonds est enclavé et qui n'a sur la voie publique aucune issue ou qu'une issue insuffisante, peut exiger de ses voisins qu'ils lui accordent le passage nécessaire, moyennant pleine indemnité.

Ce droit s'exerce en premier lieu contre le voisin dont cette concession peut être le plus naturellement exigée à raison de l'état antérieur des propriétés et des voies d'accès, et, au besoin, contre celui sur le fonds duquel le passage est le moins dommageable.

Le passage sera fixé eu égard aux intérêts des deux parties.

691.

b. Autres passages.

Les Cantons peuvent régler la faculté réciproque des propriétaires d'emprunter le fonds voisin pour travaux d'exploitation, de réparation ou de construction sur leur propre fonds; ils peuvent aussi légiférer sur les droits de charrue, accès d'abreuvoir, passage en saison morte, dévalage de bois et autres semblables.

692.

c. Inscription.

Tous les droits de passage permanents seront inscrits au registre foncier.

Les droits de passage conférés directement par la loi sont dispensés de l'inscription.

693.

7. Clôtures.

Chaque propriétaire supporte les frais de clôture de son fonds, sous réserve des règles applicables aux clôtures communes.

L'obligation de clore les fonds est régie par le droit cantonal.

694.

8. Entretien d'ouvrages.

Les ouvrages nécessaires à l'exercice des droits de voisinage sont à la charge des propriétaires en raison de l'intérêt de chacun d'eux.

695.

IV. Droit de police du propriétaire.
1. Accès des immeubles.

Le propriétaire a le droit d'interdire l'accès de sa propriété.

Il doit néanmoins, conformément à l'usage des lieux, laisser libre accès aux forêts et pâturages non clos.

696.

2. Recherche des épaves.

Lorsque, par l'effet de l'eau, du vent, des avalanches, de toute autre force naturelle ou par cas fortuit, des objets quelconques sont entraînés sur le fonds d'autrui, ou que des animaux, tels que bestiaux, volailles, poissons, essaims d'abeilles s'y transportent, le propriétaire de l'immeuble doit en permettre la recherche et l'enlèvement.

S'il en résulte un dommage, il peut réclamer une indemnité.

Sont réservées les restrictions apportées par la législation cantonale à la poursuite des animaux, ainsi que les règles particulières concernant l'acquisition de la propriété.

697.

3. Cas de nécessité.

Si quelqu'un ne peut se préserver ou préserver autrui d'un dommage ou d'un danger imminent qu'en portant atteinte à la propriété d'un tiers, celui-ci est tenu de souffrir cette atteinte, pourvu qu'elle soit de peu d'importance en comparaison du dommage ou du danger qu'il s'agit de prévenir.

Le propriétaire peut, s'il a subi un préjudice, réclamer une indemnité que le juge fixe équitablement.

698.

V. Restrictions de droit public.

Est réservé le droit de la Confédération, des Cantons et des communes d'apporter dans l'intérêt public d'autres restrictions à la propriété foncière, notamment en ce qui concerne la police du feu, de la santé, des forêts et des routes, les réunions parcellaires et les chemins de halage.

699.

C. Sources.
I. Propriété et servitudes.

Les sources sont partie intégrante du fonds, et la propriété n'en peut être acquise qu'avec celle du sol où elles jaillissent.

Le droit à l'eau et à la force motrice des sources jaillissant sur le fonds d'autrui constitue une servitude, dès son inscription au registre foncier.

Les puits sont assimilés aux sources.

700.

II. Dérivation.

La législation cantonale peut subordonner la dérivation des sources à une autorisation officielle.

L'autorisation ne peut être refusée que si la dérivation est contraire à l'intérêt public.

701.

III. Sources coupées.

Celui qui, par des fouilles, constructions ou travaux quelconques, aura coupé ou souillé des sources qu'un autre aurait déjà utilisées dans une mesure considérable ou captées en vue d'en disposer, sera passible de dommages-intérêts.

S'il s'agit de sources nécessaires aux besoins d'un immeuble ou de ses habitants, le propriétaire lésé peut exiger le rétablissement de l'état antérieur dans la mesure du possible.

Le juge pourra, selon les circonstances, réduire l'indemnité, ou même n'en allouer aucune, si le dommage n'a été causé ni à dessein ni par négligence.

702.

IV. Sources communes.

Lorsque plusieurs sources appartenant à des propriétaires différents ont un même bassin d'alimentation et forment ainsi un même groupe, chaque propriétaire a le droit de faire pour sa source des travaux rationnels de captage et d'adduction, dût-il en résulter une diminution du débit des autres sources.

Il n'est tenu d'indemniser les propriétaires des autres sources à raison de cette diminution, que si les travaux ont augmenté le débit de la sienne.

Chacun des propriétaires peut exiger que toutes les sources soient captées en commun et distribuées entre tous les ayants droit dans la proportion de leur jouissance antérieure.

703.

V. Usage des sources.

Les Cantons peuvent reconnaître aux voisins et à d'autres personnes le droit d'utiliser, pour y puiser de l'eau, y abreuver le bétail, etc., les sources, fontaines et ruisseaux qui sont propriété privée.

704.

VI. Fontaine nécessaire.

Le propriétaire qui ne peut se procurer qu'au prix de travaux et de frais excessifs l'eau nécessaire à son fonds, alors que son voisin pourrait lui en abandonner sans inconvénient, a le droit d'exiger, moyennant pleine indemnité, qu'il lui cède une partie de son eau.

Le juge tiendra équitablement compte des intérêts des deux parties.

705.

VII. Expropriation privée.

Quiconque justifie que des sources, fontaines ou ruisseaux n'ayant pour leurs propriétaires aucune utilité ou qu'une utilité sans rapport avec leur valeur, seront exploités par lui dans des conditions telles qu'il en obtiendrait des résultats économiques bien supérieurs, peut exiger qu'on les lui cède contre pleine indemnité.

Les entreprises d'alimentation publique seront préférées à toutes autres.

Titre vingtième.

De la propriété mobilière.

706.

A. Objet de la propriété mobilière.

La propriété mobilière a pour objet les choses qui peuvent être transportées d'un lieu à un autre, ainsi que les forces naturelles qui ne sont pas comprises dans les immeubles.

707.

B. Acquisition de la propriété mobilière.
I. Conditions.

La prise de possession est nécessaire pour l'acquisition de la propriété mobilière.

Lorsque celui qui aliène une chose la retient à un titre spécial, le transfert de la propriété n'est pas opposable aux tiers, s'il a eu pour but de les léser ou d'éluder les règles concernant le gage mobilier.

Le juge apprécie librement.

708.

II. Modes d'acquisition.
1. Occupation.
a. En général.

Celui qui prend possession d'une chose sans maître, avec la volonté d'en devenir propriétaire, en acquiert la propriété.

Sont considérées comme choses sans maître celles qui n'ont pas encore eu, ou qui n'ont plus de propriétaire.

709.

b. Animaux échappés.

Les animaux captifs n'ont plus de maître dès qu'ils recouvrent la liberté, si le propriétaire ne leur donne poursuite immédiate et ininterrompue.

Il en est de même des animaux apprivoisés qui retournent à l'état sauvage et qui ont perdu l'habitude de revenir à leur maître.

710.

Celui qui trouve une chose perdue est tenu d'en informer le propriétaire.

2. Choses trouvées. a. Publicité.

S'il ne le connaît pas, il prendra pour le découvrir les mesures de publicité nécessaires, en faisant lui-même des recherches et, si la valeur de la chose n'est pas évidemment inférieure à dix francs, en avisant sans délai la police locale.

La police pourvoit à la publication de la manière usitée, en tenant compte des circonstances et de la valeur de la chose.

711.

b. Prescription.

La chose est acquise à celui qui l'a trouvée, s'il a pris les mesures de publicité nécessaires et si le propriétaire n'en peut être découvert dans les cinq années à partir du jour où elle a été trouvée.

712.

c. Dépôt des choses trouvées.

Lorsque celui qui trouve une chose est tenu d'en aviser la police locale, il la déposera en mains de celle-ci.

S'il est autorisé à la garder par devers lui, il en prendra soin et sauvegardera à tous égards les intérêts du propriétaire.

713.

d. Choses trouvées dans les bâtiments, etc.

Celui qui trouve une chose dans une maison habitée ou dans des locaux et installations affectés à un service public, doit la remettre au maître de la maison, au locataire ou à l'administration.

Ces derniers ont les droits et assument les obligations de celui qui a trouvé la chose.

714.

e. Vente aux enchères.

Les choses trouvées peuvent être vendues aux enchères publiques ensuite d'autorisation officielle, lorsqu'elles sont dispendieuses à conserver ou exposées à une prompte détérioration, ou qu'elles sont restées plus d'une année en mains de la police ou dans un dépôt public.

Les enchères seront annoncées par des publications suffisantes.

Le prix de vente remplace la chose.

715.

f. Restitution et gratification.

La chose sera restituée au propriétaire contre remboursement de tous frais; celui qui l'a trouvée a droit à une gratification raisonnable, qui n'excédera pas le vingtième de la valeur de la chose.

Il n'est dû aucune gratification, si la chose a été trouvée dans une maison habitée ou dans des locaux et installations affectés à un service public.

Le droit à une gratification subsiste, malgré le dépôt de la chose en mains de la police.

716.

g. Trésor.

Les choses précieuses dont il paraît certain, au moment de leur découverte, qu'elles sont enfouies ou cachées depuis longtemps et n'ont plus de propriétaire, sont considérées comme trésor.

Le trésor devient propriété de celui auquel appartient l'immeuble ou le meuble où il a été trouvé.

Celui qui l'a découvert a droit à une gratification équitable, qui n'excédera pas la moitié de la valeur du trésor.

717.

h. Objets ayant une valeur scientifique.

Les curiosités naturelles ou les antiquités qui n'appartiennent à personne et qui offrent un intérêt scientifique considérable, deviennent propriété du Canton dans le territoire duquel elles ont été trouvées.

L'auteur de la découverte ou, s'il s'agit d'un trésor, le propriétaire a droit à une indemnité équitable, qui n'excédera pas la valeur de la chose.

718.

3. Epaves.

Les règles concernant les choses trouvées sont applicables à celles qui, par la violence de l'eau, du vent, des avalanches, de toute autre force naturelle ou par cas fortuit, sont amenées en la puissance d'autrui, et aux animaux étrangers qui s'y transportent.

719.

4. Spécification.

Lorsqu'une personne a travaillé ou transformé une matière qui ne lui appartenait pas, la chose nouvelle est acquise à l'ouvrier, si l'industrie est plus précieuse que la matière, sinon, au propriétaire de celle-ci.

Si l'ouvrier n'était pas de bonne foi, le juge pourra, dans tous les cas et en tenant compte des circonstances, attribuer la chose nouvelle au propriétaire de la matière et même lui allouer des dommages-intérêts.

Demeure réservée, contre le propriétaire de la chose nouvelle, l'action fondée sur son enrichissement.

720.

5. Cas d'accession.

Lorsque des choses appartenant à divers propriétaires ont été unies ou mélangées de telle sorte qu'il ne soit plus possible de les séparer sans détérioration notable, ou qu'au prix d'un travail et de frais excessifs, la chose nouvelle devient copropriété des intéressés en proportion de la valeur qu'avaient les choses au moment de l'union ou du mélange.

Si, dans le mélange ou l'union de deux choses, l'une ne peut être considérée que comme l'accessoire, la chose nouvelle est acquise au propriétaire de la partie principale.

Sont réservées les actions en dommages-intérêts et celles qui dérivent de l'enrichissement.

721.

6. Prescription.

Celui qui a possédé, de bonne foi, à titre de propriétaire, paisiblement et sans interruption, pendant cinq ans, la chose d'autrui, en devient propriétaire par prescription.

La prescription n'est pas interrompue par la perte involontaire de la possession, pourvu que celle-ci soit recouvrée dans l'année ou en vertu d'une action intentée dans le même délai.

Les règles établies pour la prescription des créances s'appliquent à la computation des délais, à l'interruption et à la suspension de la prescription acquisitive.

722.

C. Perte de la propriété mobilière.

La propriété mobilière ne s'éteint point par la perte de la possession, tant que le propriétaire n'a pas fait abandon de son droit, ou que la chose n'a pas été acquise par un tiers.

Deuxième partie.

Des autres droits réels.

Titre vingt-unième.

Des servitudes et des charges foncières.

Chapitre premier.

Des servitudes foncières.

723.

A. Objet des servitudes foncières.

La servitude est une charge imposée sur un immeuble en faveur d'un autre immeuble, et par l'effet de laquelle le propriétaire du fonds servant est tenu de souffrir, de la part du propriétaire du fonds dominant, certains actes d'usage, ou de s'abstenir lui-même d'exercer certains droits inhérents à la propriété.

Le propriétaire du fonds servant ne peut être tenu qu'accessoirement d'une obligation de faire.

724.

B. Constitution et extinction des servitudes.
I. Constitution.
1. Acquisition et inscription.

L'inscription au registre foncier est nécessaire pour la constitution des servitudes.

Les règles concernant la propriété sont applicables, sauf disposition contraire, à l'acquisition et à l'inscription.

L'acquisition de servitudes par prescription n'est possible que sur les immeubles dont la propriété elle-même peut s'acquérir de cette manière.

725.

2. Titres spéciaux d'acquisition.
a. Ouvrages apparents.

L'existence d'ouvrages apparents, incontestablement destinés à l'exercice d'une servitude, dispense de toute forme particulière la convention en vertu de laquelle l'inscription est requise.

726.

Le propriétaire a le droit de grever ses fonds de servitudes en faveur l'un de l'autre.

b. Servitude sur son propre fonds.

727.

La servitude s'éteint par la radiation de l'inscription, ainsi que par la perte totale du fonds servant ou du fonds dominant.

II. Extinction.
1. En général.

728.

Lorsque les deux fonds sont réunis dans la même main, le propriétaire peut faire radier la servitude.

La servitude subsiste comme droit réel, tant que la radiation n'a pas eu lieu.

2. Réunion des fonds.

729.

Le propriétaire grevé a le droit d'exiger la radiation d'une servitude qui a perdu toute utilité pour le fonds dominant.

Si la servitude ne conserve qu'une utilité réduite, hors de proportion avec les charges qu'elle impose au fonds servant, le juge pourra en autoriser le rachat total ou partiel, contre pleine indemnité.

3. Libération.

730.

Celui auquel la servitude est due peut faire tout ce qui est nécessaire pour la conserver et pour en user.

Il est tenu d'exercer son droit de la manière la moins dommageable.

Le propriétaire grevé ne peut en aucune façon empêcher ou rendre plus incommode l'exercice de la servitude.

C. Effets des servitudes.
I. Ce que les servitudes comportent.
1. En général.

731.

L'inscription fait seule règle, lorsqu'elle détermine clairement les droits et les obligations dérivant de la servitude.

L'étendue de celle-ci peut être précisée, dans les limites de l'inscription, soit par le titre d'acquisition, soit par la manière dont la servitude a été exercée pendant longtemps, paisiblement et de bonne foi.

2. En vertu de l'inscription.

732.

3. Besoins nouveaux du fonds dominant.

Les besoins nouveaux du fonds dominant n'autorisent aucune aggravation notable de la servitude.

733.

4. Droit cantonal et usages locaux.

Les droits de passage, tels que passage à pied, ou à char, ou en saison morte, la sortie des bois, les droits de pacage, d'affouage, d'abreuvage et autres semblables sont déterminés quant à leur étendue, sauf convention spéciale, par la législation cantonale et l'usage des lieux.

734.

II. Charge d'entretien.

Le propriétaire du fonds dominant entretient les ouvrages nécessaires à l'exercice de la servitude.

Si ces ouvrages servent également au propriétaire grevé, la charge de l'entretien incombe aux deux parties, en proportion de leur intérêt.

735.

III. Modifications.
1. Changement dans l'assiette de la servitude.

Lorsque la servitude ne s'exerce que sur une partie du fonds servant, et qu'elle y est particulièrement onéreuse, le propriétaire grevé peut exiger qu'elle soit transportée dans un autre endroit où elle ne s'exercera pas moins commodément.

Il a cette faculté, encore que l'assiette primitive de la servitude figure au registre foncier.

Le propriétaire grevé supporte les frais du changement.

736.

2. Division.
a. Du fonds dominant.

Lorsque le fonds dominant vient à être divisé, la servitude reste due, dans la règle, à chaque parcelle.

Si toutefois la servitude ne profite en fait qu'à l'une des parcelles, elle sera radiée quant aux autres par le conservateur du registre foncier, à la réquisition du propriétaire grevé, ou d'office.

Tout intéressé peut, dans les dix jours, recourir au juge contre cette radiation.

737.

Lorsque le fonds servant vient à être divisé, la servitude continue, dans la règle, à en grever chaque parcelle. b. Du fonds servant.

Si toutefois la servitude ne grève en fait ni ne peut grever certaines parcelles, elle sera radiée quant à celles-ci par le conservateur du registre foncier, à la réquisition de leurs propriétaires, ou d'office.

Tout intéressé peut, dans les dix jours, recourir au juge contre cette radiation.

Chapitre II.

Des autres servitudes, en particulier de l'usufruit.

738.

L'usufruit peut être constitué sur des meubles, des immeubles, des droits ou un patrimoine. A. Usufruit. I. Objet.

Il confère à l'usufruitier, sauf disposition contraire, un droit de jouissance complet.

739.

L'usufruit des choses mobilières et des créances se constitue par leur transfert à l'usufruitier, et celui des immeubles par l'inscription au registre foncier. II. Constitution de l'usufruit. 1. En général.

Les règles concernant la propriété sont applicables, toutes prescriptions contraires réservées, à l'acquisition de l'usufruit tant mobilier qu'immobilier et à l'inscription de ce dernier.

740.

Les usufruits légaux sont opposables, même sans inscription, aux tiers qui en ont connaissance. 2. Usufruits légaux.

Leur inscription les rend opposables à tous autres tiers.

741.

III. Extinction de l'usufruit.
1. En général.

L'usufruit des immeubles s'éteint par la radiation de l'inscription, ainsi que par la perte totale de la chose.

742.

2. Contre-valeur de la chose détruite.

Le propriétaire n'est pas tenu de rétablir la chose détruite.

S'il la rétablit, l'usufruit renaît.

L'usufruit s'étend à la contre-valeur qui a remplacé la chose détruite; ainsi, en matière d'expropriation et d'assurance.

743.

3. Causes d'extinction.

L'usufruit mobilier cesse de plein droit par la survenance d'une cause d'extinction, telle que l'échéance du terme ou la mort de l'usufruitier.

Si l'usufruit est immobilier, le propriétaire a le droit d'exiger la radiation de l'inscription.

L'usufruit légal s'éteint avec la cause qui lui a donné naissance.

744.

4. Usufruit d'une durée indéterminée.

L'usufruit s'éteint, sauf prescription contraire, par la mort de l'usufruitier.

Il ne peut, en aucun autre cas, durer plus de cent ans.

745.

5. Restitution.
a. Obligation.

L'usufruitier doit rendre la chose au propriétaire à la cessation de l'usufruit.

746.

b. Responsabilité.

L'usufruitier répond de la perte et de la dépréciation de la chose, à moins qu'il ne prouve que le dommage est survenu sans sa faute.

Il remplacera les objets détruits que l'usufruit ne lui donnait pas le droit de consommer.

Il ne doit aucune indemnité pour la dépréciation causée par l'usage normal de la chose.

747.

L'usufruitier qui a fait des impenses sans y être obligé, peut en réclamer le montant à la cessation de l'usufruit, selon les règles de la gestion d'affaires. c. Impenses.

S'il a fait des installations pour lesquelles le propriétaire refuse de l'indemniser, il a le droit de les enlever, à charge de rétablir la chose dans l'état antérieur.

748.

Les droits du propriétaire à raison des modifications ou des détériorations de la chose, ceux de l'usufruitier à raison de ses impenses, de même que la faculté pour ce dernier d'enlever les installations qu'il a faites, se prescrivent par une année dès la restitution de la chose. 6. Prescription des indemnités.

749.

L'usufruit confère la possession et la jouissance de la chose, ainsi que le droit de l'administrer. IV. Effets de l'usufruit. 1. Droits de l'usufruitier. a. Possession et administration.

L'usufruitier observera, dans l'exercice de ses droits, les règles d'une bonne administration.

750.

Les fruits deviennent la propriété de l'usufruitier. b. Jouissance.

Les parties intégrantes de la chose qui ne sont pas considérées comme fruits, telles que le trésor ou les matériaux provenant d'un bâtiment, demeurent au propriétaire.

751.

Les fruits naturels, parvenus à maturité pendant la durée de l'usufruit, appartiennent à l'usufruitier. c. Fruits.

Celle des parties qui a pourvu à la culture a le droit d'exiger de celle qui fait la récolte une indemnité équitable pour ses frais.

Cette indemnité n'excédera pas la valeur de la récolte.

752.

Les intérêts des capitaux soumis à usufruit, ainsi que les autres revenus périodiques, sont acquis à l'usufruitier du jour où son droit commence jusqu'à celui où il prend fin, encore qu'ils ne soient exigibles que plus tard. d. Intérêts.

753.

e. Cession de l'usufruit.

L'usufruitier peut transférer à un tiers l'exercice de son droit.

Le propriétaire pourra, dans ce cas, faire valoir ses droits directement contre le cessionnaire.

Les usufruits dont le caractère strictement personnel résulte de la loi ou du titre d'acquisition, ne peuvent être ni cédés, ni saisis.

754.

2. Droits du propriétaire. a. Surveillance.

Le propriétaire peut s'opposer à tout usage illicite ou dommageable que l'usufruitier prétendrait faire de la chose.

755.

b. Droit d'exiger des sûretés.

Le propriétaire dont les droits sont en péril peut exiger des sûretés de l'usufruitier.

Il n'a pas cette faculté contre le donateur qui s'est réservé l'usufruit de la chose donnée.

L'obligation de fournir des sûretés, en matière d'usufruits légaux, est soumise à des règles spéciales.

756.

c. A défaut de sûretés.

Si l'usufruitier ne fournit pas les sûretés dans un délai suffisant qui lui sera fixé à cet effet, ou si, malgré l'opposition du propriétaire, il continue ses actes abusifs, le juge refusera ou retirera à l'usufruitier la possession des biens pour les remettre à un curateur.

757.

3. Inventaire.

Le propriétaire et l'usufruitier ont en tout temps le droit d'exiger qu'il soit dressé à frais communs inventaire officiel des biens sujets à l'usufruit.

Cet inventaire fait foi lors de la cessation de l'usufruit, tant que l'inexactitude n'en est pas démontrée.

758.

L'usufruitier est tenu de conserver la substance de la chose, ainsi que d'entreprendre les réparations d'entretien et réfections ordinaires.

4. Charges de l'usufruit.
a. Conservation de la chose.

Si des travaux plus importants ou d'autres mesures sont nécessaires pour la conservation de la chose, l'usufruitier doit en aviser le propriétaire et les souffrir; il peut, si ce dernier n'y procède lui-même, y pourvoir de son chef.

759.

L'usufruitier supporte les dépenses d'entretien et d'exploitation, de même que les impôts et redevances, en proportion de la durée de sa jouissance.

b. Dépenses d'exploitation, etc.

Les autres charges incombent au propriétaire, qui peut réaliser à cet effet des biens sujets à l'usufruit, à moins que l'usufruitier ne préfère lui avancer sans intérêts la somme nécessaire.

760.

L'usufruitier d'un patrimoine est tenu, proportionnellement à sa jouissance, de servir les intérêts des dettes et d'acquitter à la décharge du propriétaire l'impôt sur la fortune.

c. Intérêts et impôts personnels.

L'usufruitier d'une chose particulière doit, sauf disposition contraire, les intérêts des dettes dont elle est grevée.

761.

L'usufruitier est tenu d'assurer la chose contre l'incendie et d'autres risques pour le compte du propriétaire, si cette mesure est commandée par une bonne administration.

d. Assurances.

Il paie les primes correspondant à la durée de sa jouissance; cette obligation lui incombe également, si l'usufruit comprend des choses déjà assurées.

762.

V. Cas spéciaux d'usufruit.
1. Immeubles.
a. Quant aux fruits.

L'usufruitier veille à ce que la productivité de la chose ne soit pas diminuée au delà de ce que comporte une exploitation rationnelle.

S'il excède son droit, les fruits induement perçus appartiennent au propriétaire.

763.

b. Destination de la chose.

L'usufruitier ne doit apporter au mode d'exploitation aucun changement qui puisse causer un préjudice notable au propriétaire.

Il ne peut, en particulier, changer la nature ni la destination des objets soumis à l'usufruit.

Il ne peut ouvrir des carrières, marnières, tourbières, etc., que si la destination du fonds n'en est point essentiellement modifiée.

764.

c. Forêts.

L'usufruitier d'une forêt a droit aux coupes et aux autres produits, dans les limites d'un plan d'aménagement rationnel.

Le propriétaire et l'usufruitier ont la faculté d'exiger que l'exploitation soit réglée par un plan d'aménagement tenant compte de leurs droits.

Lorsque, par suite de tempêtes, chutes de neige, incendie ou d'autres causes semblables, il y a lieu de réaliser une quantité de bois notablement supérieure à la jouissance ordinaire, le prix, déduction faite des frais de reboisement, en sera placé à intérêt; l'exploitation ultérieure sera réduite de manière à réparer peu à peu le dommage, ou réglée par un nouveau plan d'aménagement.

765.

d. Mines et biens semblables.

L'usufruit des choses dont la jouissance a pour objet l'extraction de parties intégrantes du sol, ainsi que celui des mines, est soumis aux règles de l'usufruit des forêts.

766.

2. Choses consomptibles et choses évaluées.

Les choses qui se consomment par l'usage deviennent, sauf disposition contraire, propriété de l'usufruitier, qui demeure comptable de leur valeur au moment de la constitution de l'usufruit.

Pour les autres choses qui auraient été estimées lors de leur remise à l'usufruitier, celui-ci a, si le contraire n'a été réservé, le droit d'en disposer librement; il devient comptable de leur valeur, s'il en dispose.

L'usufruitier peut rendre au propriétaire des choses de même espèce et qualité, par exemple en reconstituant le matériel d'exploitation agricole, le troupeau ou le fonds de marchandises.

767.

3. Créances et autres droits. a. Droit de disposition sur les créances.

L'usufruit d'une créance donne le droit d'en percevoir les revenus.

Toute dénonciation de remboursement et tout acte de disposition concernant les valeurs soumises à l'usufruit devront émaner du propriétaire et de l'usufruitier conjointement; le débiteur dénoncera le remboursement à l'un et à l'autre.

Le propriétaire et l'usufruitier ont le droit d'exiger le concours l'un de l'autre pour les mesures commandées par une bonne administration, lorsque le recouvrement de la créance est compromis.

768.

b. Remboursements et remplois.

Le débiteur qui n'a pas été autorisé à se libérer en mains soit du propriétaire, soit de l'usufruitier, doit payer à tous les deux conjointement, ou consigner.

L'objet du paiement, en particulier le capital remboursé, est soumis à la jouissance de l'usufruitier.

Le propriétaire et l'usufruitier ont le droit d'exiger qu'il en soit fait un placement sûr et productif d'intérêts.

769.

B. Droit d'habitation. I. En général.

Le droit d'habitation est le droit de demeurer dans une maison ou d'en occuper une partie.

Il est intransmissible et ne passe point aux héritiers.

Les règles de l'usufruit sont applicables, toutes prescriptions contraires réservées.

770.

II. Etendue du droit d'habitation.
1. Quant à la chose.

Celui qui possède un droit d'habitation sur une partie seulement d'une maison jouit des installations destinées à l'usage commun.

Entre divers appartements, il pourra faire un choix équitable.

771.

2. Quant au titulaire.

L'étendue du droit d'habitation se détermine en général par les besoins de celui auquel il appartient.

Il comprend, à moins qu'il n'ait été expressément limité à l'ayant droit, la faculté pour celui-ci de demeurer avec sa famille et les gens de sa maison.

772.

III. Charges.

Lorsque l'ayant droit occupe seul son appartement, il doit les réparations d'entretien.

Si le droit d'habitation s'exerce en commun avec le propriétaire, les frais d'entretien incombent à ce dernier.

773.

C. Droit de superficie.

Le propriétaire peut constituer en faveur d'un tiers le droit d'élever et d'entretenir des constructions sur son fonds ou au-dessous.

Sauf disposition contraire, ce droit est aliénable et passe aux héritiers.

Il sera inscrit comme servitude grevant le fonds assujetti; il pourra en même temps être immatriculé séparément comme immeuble.

774.

D. Autres droits d'usage.

Il est loisible au propriétaire de constituer, en faveur d'une personne quelconque ou d'une collectivité, d'autres droits d'usage sur son fonds, pourvu que celui-ci se prête à une jouissance déterminée; ainsi, pour des exercices de tir ou pour un passage.

Ces droits sont intransmissibles, sauf convention contraire, et leur étendue se règle sur les besoins ordinaires de l'ayant droit.

Les règles concernant les servitudes foncières sont applicables.

Chapitre III.

Des charges foncières.

775.

La charge foncière assujettit le propriétaire de l'immeuble grevé à certaines prestations envers une autre personne.

La charge peut être due au propriétaire d'un autre immeuble, en cette qualité.

A. Objet de la charge foncière.

776.

L'inscription au registre foncier est nécessaire pour la constitution des charges foncières.

L'inscription indiquera une somme déterminée en monnaie suisse comme valeur de la charge; si cette dernière consiste en prestations périodiques, sa valeur sera, à défaut d'autre estimation, du montant des prestations annuelles, multiplié par vingt.

Les règles concernant la propriété sont applicables, toutes prescriptions contraires réservées, à l'acquisition et à l'inscription des charges foncières.

B. Constitution et extinction.
I. Constitution.
1. Acquisition et inscription.

777.

Les charges foncières de droit public sont dispensées de l'inscription.

2. La loi.
a. Dispense de l'inscription.

778.

Lorsque la loi confère au créancier le droit d'exiger l'établissement d'une charge foncière, celle-ci est constituée par l'inscription.

b. Droit à l'inscription.

779.

Les règles concernant la lettre de rente s'appliquent aux charges foncières constituées pour sûreté d'une créance.

3. Charges foncières à fin de garantie.

780.

La charge foncière s'éteint par la radiation de l'inscription, ainsi que par la perte totale de l'immeuble grevé.

Les autres causes d'extinction, telles que la renonciation ou le rachat, donnent au propriétaire de l'immeuble grevé le droit d'exiger du créancier qu'il consente à la radiation.

II. Extinction.
1. Causes d'extinction et radiation.

781.

2. Rachat.
a. Droit du créancier de l'exiger.

Le créancier peut contraindre le propriétaire au rachat de la charge foncière lorsqu'une convention l'y autorise, et, en outre, dans les cas suivants:

Lorsque l'immeuble grevé vient à être divisé;

Lorsque le propriétaire en diminue la valeur sans offrir en échange d'autres sûretés;

Lorsqu'il ne s'est pas acquitté de ses prestations pour trois années consécutives.

782.

b. Droit du débiteur de l'opérer.

Après le terme de trente ans dès la constitution de la charge foncière, le débiteur a, sous réserve des règles du droit public, la faculté d'en opérer le rachat, encore qu'elle eût été établie pour un temps plus long.

Il devra toutefois, dans ce dernier cas, dénoncer le rachat un an à l'avance.

La renonciation au droit de rachat est nulle.

783.

c. Prix de rachat.

Le rachat s'opère pour la somme inscrite au registre foncier comme valeur totale de la charge.

784.

3. Imprescriptibilité.

La charge foncière est imprescriptible.

Les prestations échues sont prescriptibles dès le moment où elles sont devenues dette personnelle du propriétaire grevé.

785.

C. Effets.
I. Droit du créancier.

La charge foncière ne donne aucune créance personnelle contre le débiteur, mais seulement le droit d'être payé sur le prix de l'immeuble grevé.

Toutefois, chaque prestation devient, trois ans après son échéance, dette personnelle et cesse d'être garantie par l'immeuble.

786.

II. Nature de la dette.

Lorsque l'immeuble change de propriétaire, l'acquéreur est de plein droit débiteur des prestations qui font l'objet de la charge foncière.

La division de l'immeuble grevé a pour la charge foncière les mêmes effets que pour la lettre de rente.

Titre vingt-deuxième.

Du gage immobilier.

Chapitre premier.

Dispositions générales.

787.

Le gage immobilier peut être constitué sous forme d'hypothèque, de cédule hypothécaire ou de lettre de rente. A. Conditions. I. Formes du gage immobilier.

Toute autre constitution de gage immobilier est interdite.

788.

Le gage immobilier ne peut être constitué que pour sûreté d'une somme déterminée, payable en monnaie suisse. II. Nature de la créance. 1. Montant de la créance.

Si la créance est indéterminée, les parties indiqueront une somme fixe représentant le maximum de la garantie immobilière pour la créance en capital et intérêts conventionnels.

789.

Les obligations relatives à l'intérêt sont réglées librement par les parties, sous réserve des dispositions légales contre l'usure. 2. Intérêts.

La législation fédérale pourra fixer le maximum du taux de l'intérêt autorisé pour les créances garanties par un immeuble ou par un titre de gage immobilier.

790.

Le gage immobilier ne peut être constitué que sur les immeubles immatriculés au registre foncier. III. L'immeuble. 1. Quels immeubles peuvent être constitués en gage.

Les Cantons conservent le droit de régler par des dispositions particulières, ou même d'interdire absolument, l'engagement des immeubles du domaine public, des allmends, alpages, etc., qui sont la propriété de corporations, ainsi que des droits de jouissance y attachés.

791.

2. Désignation de l'immeuble.

Le gage immobilier ne peut être constitué que sur un immeuble spécialement désigné.

Aucune parcelle d'immeuble ne peut être grevée de gage, tant que la division de cet immeuble n'a pas été portée au registre foncier.

Lorsque plusieurs immeubles, immatriculés sur différents feuillets du registre, sont constitués en gage pour la même créance, la garantie doit être répartie soit ensuite de convention, soit d'après leur valeur respective, de telle sorte que chacun d'eux soit grevé pour une partie déterminée de la créance.

792.

B. Constitution et extinction.
I. Constitution.
1. Inscription.

Le gage immobilier est constitué par l'inscription au registre foncier.

793.

2. Si l'immeuble est propriété de plusieurs.

Chacun des copropriétaires d'un immeuble peut grever sa quote-part d'un droit de gage.

Lorsqu'un immeuble est en propriété commune, il ne peut être constitué en gage que dans sa totalité et au nom de tous les communistes.

794.

II. Extinction.

Le gage immobilier s'éteint par la radiation de l'inscription, ainsi que par la perte totale de l'immeuble.

L'extinction ensuite d'expropriation est régie par les lois spéciales de la Confédération et des Cantons.

795.

C. Effets.
I. Etendue du droit du créancier.

Le gage immobilier frappe l'immeuble avec ses parties intégrantes et ses accessoires.

Les objets spécialement désignés comme accessoires et mentionnés à ce titre au registre foncier, ainsi des machines, un mobilier d'hôtel, sont présumés accessoires.

Les droits des tiers sur les accessoires sont réservés.

796.

II. Imprescriptibilité.

L'inscription d'un gage immobilier rend la créance imprescriptible.

797.

Lorsque le propriétaire diminue la valeur de l'immeuble grevé, le créancier peut lui faire intimer par le juge l'ordre de cesser tous actes dommageables.

III. Sûretés. 1. Dépréciation de l'immeuble. a. Mesures conservatoires.

Il a en outre le droit de prendre lui-même les mesures nécessaires, auquel cas le propriétaire lui remboursera ses frais, qui sont garantis par le gage.

798.

Lorsque l'immeuble est menacé d'une dépréciation progressive, le créancier peut faire condamner le débiteur à fournir immédiatement des sûretés supplémentaires ou à payer un acompte suffisant.

b. Sûretés et rétablissement de l'état antérieur.

Si la dépréciation s'est déjà produite, il pourra exiger en outre le rétablissement de l'état antérieur.

799.

Faute par le débiteur de s'exécuter dans le délai fixé par le juge, le créancier peut exiger le remboursement immédiat de la dette.

c. Remboursement.

800.

Il y a dépréciation, lorsque l'immeuble subit des détériorations ou diminutions excédant la mesure d'une exploitation normale, et par l'effet desquelles il n'offre plus au créancier la même garantie qu'auparavant.

2. Définition de la dépréciation. a. Conditions.

La dépréciation peut frapper l'immeuble dans sa substance, dans ses accessoires ou dans les droits réels y attachés.

801.

Les dépréciations qui se produisent sans la faute du propriétaire ne donnent point au créancier le droit d'exiger des sûretés supplémentaires ni un remboursement partiel.

b. Restrictions.

Elles autorisent toutefois le créancier à prendre des mesures convenables pour y parer; ses frais lui sont garantis par l'immeuble, sans qu'il puisse les répéter contre le propriétaire.

802.

3. Aliénation de petites parcelles.

Lorsque le propriétaire de l'immeuble grevé en aliène une parcelle d'une valeur inférieure au vingtième de la créance, le créancier ne peut refuser le dégrèvement de cette parcelle, pourvu qu'un acompte proportionnel lui soit payé ou que le reste de l'immeuble lui fournisse une garantie suffisante.

Le conservateur du registre foncier décide de ce dégrèvement.

Le créancier peut, dans les dix jours, recourir au juge, qui prononce comme en matière sommaire.

803.

IV. Constitution ultérieure de droits réels.

Le propriétaire de l'immeuble constitué en gage ne peut renoncer à la faculté de le grever d'autres droits réels.

Le gage immobilier prime toute servitude ou charge foncière dont le fonds serait grevé postérieurement, à moins que le créancier n'ait consenti à leur constitution.

Si toutefois le résultat des enchères démontre que la servitude ne diminue point la valeur des gages antérieurs, elle sera opposable aux créanciers.

804.

V. Cases hypothécaires.
1. Effets.

La garantie fournie par le gage immobilier est attachée à la case hypothécaire que lui assigne l'inscription.

On peut constituer des droits de gage en deuxième rang ou en rang quelconque, à condition d'indiquer le montant par lequel ils seront primés.

805.

2. Ordre.

Lorsque des gages de rang différent sont constitués sur un immeuble, la radiation de l'un d'eux ne fait pas avancer le créancier postérieur dans la case libre.

Le propriétaire a la faculté de constituer un nouveau droit de gage en lieu et place de celui qui a été radié.

Les conventions qui donneraient aux créanciers postérieurs le droit de profiter des cases libres ne produiront d'effet réel que si elles ont été annotées au registre foncier.

806.

Lorsqu'un droit de gage a été constitué en rang postérieur et qu'il n'en existe pas qui le priment, ou qu'un titre de gage antérieur n'a pas été négocié, ou que la créance antérieure n'atteint pas le montant inscrit, le prix de l'immeuble est attribué, en cas d'exécution forcée, aux seuls créanciers garantis, selon leur ordre et sans égard aux cases libres. 3. Cases libres.

807.

Faute par le débiteur de satisfaire à ses obligations, le créancier a le droit de se payer sur le prix de l'immeuble. VI. Réalisation du droit de gage. 1. Nature de la réalisation.

Est nulle toute clause qui autoriserait le créancier à s'approprier l'immeuble à défaut de paiement.

Si plusieurs immeubles sont constitués en gage pour la même créance, le créancier doit en poursuivre simultanément la réalisation.

808.

Le prix de vente de l'immeuble sera distribué entre les créanciers selon leur rang. 2. Distribution du prix.

Les créanciers de même rang concourent à droits égaux.

809.

Le gage immobilier garantit au créancier: 3. Etendue de la garantie.

Le capital;

Les frais de poursuite et autres accessoires légaux;

Les intérêts échus de trois années et l'intérêt courant au moment de la réquisition de vente ou de l'ouverture de la faillite, au maximum quatre années d'intérêt.

Le taux primitif de l'intérêt ne peut être porté à plus du cinq pour cent au préjudice des créanciers postérieurs.

810.

Les impenses nécessaires que le créancier fait pour la conservation de l'immeuble, ainsi en acquittant les primes d'assurance dues par le propriétaire, sont garanties au même titre que la créance. 4. Garantie pour impenses nécessaires.

811.

5. Droit à l'indemnité d'assurance.

Les indemnités d'assurance ne peuvent être payées au propriétaire de l'immeuble qu'avec le consentement de tous les créanciers hypothécaires.

Les lois cantonales d'assurance obligatoire contre l'incendie demeurent réservées.

812.

VII. Représentation du créancier.

A la requête du conservateur du registre foncier, l'autorité tutélaire nommera un curateur au créancier dont le nom ou le domicile est inconnu, lorsque son intervention personnelle est nécessaire pour des actes prévus par les règles concernant le gage immobilier.

Chapitre II.

De l'hypothèque.

813.

A. But et nature.

L'hypothèque peut être constituée pour sûreté d'une créance quelconque, présente, future ou simplement éventuelle.

L'immeuble hypothéqué peut n'être pas propriété du débiteur.

L'inscription de l'hypothèque ne fait pas preuve de la créance.

814.

B. Constitution et extinction.
I. Constitution.
1. En général.

L'hypothèque constituée, même pour sûreté de créances d'un montant indéterminé ou variable, reçoit une case fixe et garde son rang, nonobstant toutes fluctuations ultérieures de la somme garantie.

Le conservateur du registre foncier ne délivre pas de titre en vertu de l'hypothèque inscrite.

815.

Il sera passé acte authentique, sous peine de nullité, de tout contrat ayant pour objet la constitution d'une hypothèque.

2. Contrat à fin d'hypothèque.

816.

Le propriétaire de l'immeuble grevé a, lorsque la créance est éteinte, le droit d'exiger du créancier qu'il consente à la radiation.

II. Extinction.
1. Radiation.

817.

Le propriétaire qui n'est pas personnellement tenu de la dette hypothécaire peut en opérer le remboursement aux mêmes conditions que le débiteur.

Il est subrogé, dans ce cas, aux droits du créancier.

2. Situation du propriétaire.

818.

Lorsque l'acquéreur de tout ou partie d'un immeuble n'est pas personnellement débiteur des dettes qui le grèvent, et que ces dettes dépassent évidemment la valeur de l'immeuble, le juge peut l'autoriser à purger les hypothèques inscrites en versant aux créanciers le prix de son acquisition.

Les créanciers ont le droit d'exiger que le remboursement leur soit dénoncé six mois à l'avance, et de requérir une estimation officielle de l'immeuble.

Si cette estimation est supérieure au prix de vente, les créanciers ne sont obligés de consentir à la radiation que contre paiement de la valeur estimative.

3. Purge hypothécaire.

819.

Lorsque le propriétaire n'est pas personnellement débiteur, la dénonciation du remboursement par le créancier ne lui est opposable que si elle a eu lieu tant à son égard qu'à l'égard du débiteur.

4. Dénonciation.

820.

L'aliénation totale de l'immeuble hypothéqué n'apporte, sauf convention contraire, aucun changement à l'obligation du débiteur et à la garantie.

Si l'immeuble est divisé, et faute d'accord entre les pro-

C. Effets de l'hypothèque.
I. Aliénation et division.

priétaires et les créanciers, le conservateur du registre foncier détermine d'office les conséquences de la division, selon les règles concernant l'engagement de plusieurs immeubles.

Chacun des intéressés peut, dans les dix jours, recourir au juge contre cette décision.

821.

II. Cession de la créance.

L'inscription au registre foncier est nécessaire pour la cession de l'hypothèque.

Faute d'inscription, le cessionnaire n'acquiert aucun droit de gage.

822.

D. Hypothèque légale. I. En général.

La loi détermine les cas dans lesquels le créancier a le droit de requérir l'inscription d'une hypothèque sur un ou plusieurs immeubles de son débiteur.

Les privilèges établis par les lois cantonales pour les créances dérivant du droit public, ou résultant d'obligations générales imposées aux propriétaires, sont dispensés de l'inscription.

823.

II. Cas d'hypothèque légale.

L'inscription d'une hypothèque légale peut être requise:

Par le vendeur d'un immeuble, sur cet immeuble, en garantie du prix de vente;

Par les cohéritiers et autres indivis, sur les immeubles partagés, en garantie des créances résultant du partage;

Par les artisans ou entrepreneurs employés à des bâtiments ou autres ouvrages, sur l'immeuble où ces constructions ont été faites, en garantie des créances résultant de leurs travaux ou fournitures; l'entrepreneur peut comprendre dans sa créance celles des artisans, à condition de les avoir acquittées.

Ces hypothèques seront inscrites, à peine de nullité, dans les trois mois qui suivent le transfert de la propriété ou l'achèvement des travaux.

824.

III. Rang et privilège des artisans et entrepreneurs. 1. Concours.

Les artisans et entrepreneurs au bénéfice d'hypothèques légales séparément inscrites concourent entre eux à droits égaux, encore que les inscriptions soient de dates différentes.

S'ils ne sont pas intégralement couverts, les créanciers

de rang antérieur sont tenus de les indemniser sur leur propre part de collocation, dans la mesure où ils ont grevé le fonds de droits de gage excessifs au détriment des artisans ou entrepreneurs.

825.

2. Conditions.

Les droits de gage antérieurs sont réputés excessifs:

Si, en prévision de la plus-value que les travaux donneraient à l'immeuble, ils ont été établis pour une somme supérieure à sa valeur lors de leur constitution;

S'ils garantissent des prêts faits pour les constructions, mais qui n'y ont pas été affectés.

Le juge prononce librement, après avoir pris l'avis d'experts.

Chapitre III.

De la cédule hypothécaire et de la lettre de rente.

826.

A. De la cédule hypothécaire. I. But et nature.

La cédule hypothécaire garantit, au moyen d'un gage immobilier, une créance personnelle destinée à être négociée.

827.

II. Estimation et extinction.

Le droit cantonal peut prévoir une estimation officielle, facultative ou obligatoire, de l'immeuble qu'on veut grever d'une cédule hypothécaire.

Il peut interdire que la somme garantie soit supérieure à cette estimation.

Les règles spéciales concernant l'extinction et la dénonciation des hypothèques sont applicables aux cédules hypothécaires.

828.

III. Propriété, aliénation, division.

Les règles concernant le rapport entre dette et propriété, ainsi que les effets de l'aliénation et de la division de l'immeuble, sont les mêmes en matière de cédules hypothécaires et d'hypothèques.

Le propriétaire de l'immeuble grevé peut opposer au créancier toutes les exceptions compétant au débiteur.

829.

B. De la lettre de rente. I. But et nature.

La lettre de rente constitue sur l'immeuble grevé une charge foncière destinée à être négociée.

Elle est exclusive de toute obligation personnelle et n'exprime pas la cause de la créance.

830.

II. Charge maximale et droit de rachat. 1. Charge maximale.

Le capital de la lettre de rente ne peut excéder les deux tiers de la valeur estimative du sol, plus la moitié de celle des bâtiments.

A cet effet, l'immeuble est évalué à raison de son rendement par une expertise officielle, que règle le droit cantonal.

831.

2. Responsabilité de l'Etat.

Les Cantons sont garants de la valeur nominale des lettres de rente.

En cas de perte, ils ne peuvent décliner cette responsabilité qu'en établissant que l'estimation a été faite avec un soin scrupuleux lors de la constitution de la lettre de rente.

Ils ont un droit de recours contre les fonctionnaires coupables de n'avoir pas évalué l'immeuble avec le soin voulu, ou d'avoir créé une lettre de rente pour une somme supérieure au maximum légal.

832.

3. Droit de rachat.

Le propriétaire de l'immeuble grevé peut, à l'expiration de chaque période de dix ans, opérer le rachat de la lettre de rente en le dénonçant un an à l'avance, encore que les parties fussent convenues de l'exclure pour un temps plus long.

Le créancier ne peut exiger le remboursement que dans les cas déterminés par la loi.

833.

La lettre de rente a toujours pour débiteur le propriétaire de l'immeuble grevé.

III. Propriété et division.
1. Dette et propriété.

L'acquéreur de l'immeuble en devient de plein droit débiteur, à la décharge de l'ancien propriétaire.

Les intérêts se transforment en obligation personnelle du propriétaire, au moment où ils cessent d'être garantis par l'immeuble.

834.

En cas de division de l'immeuble grevé, les propriétaires des diverses parcelles deviennent débiteurs de la lettre de rente.

2. Division.

Les règles concernant la division des immeubles grevés d'hypothèque sont applicables à l'assignation de la dette sur les diverses parcelles.

835.

La créance garantie par cédule hypothécaire ou lettre de rente ne comporte ni condition ni contre-prestation.

C. Dispositions communes.
I. Constitution.
1. Nature de la créance.

836.

Sauf stipulation contraire, la constitution d'une cédule hypothécaire ou d'une lettre de rente éteint par novation l'obligation qui y a donné naissance.

2. Rapport du titre avec l'obligation primitive.

837.

Outre l'inscription au registre foncier, toute cédule hypothécaire ou lettre de rente sera constatée par un titre.

3. Inscription et titre.
a. Nécessité du titre.

L'inscription produit toutefois les effets de la cédule hypothécaire ou de la lettre de rente, dès avant la création du titre.

838.

La cédule hypothécaire et la lettre de rente sont dressées par le conservateur du registre foncier et contresignées par un autre magistrat.

b. Création du titre.

Ces titres ne peuvent être délivrés au créancier ou à son fondé de pouvoirs, qu'avec l'autorisation expresse du débiteur et du propriétaire de l'immeuble grevé.

839.

c. Forme du titre.

Une ordonnance du Conseil fédéral arrêtera le formulaire des titres de cédule hypothécaire et de lettre de rente.

Ces titres reproduiront aussi littéralement que possible l'inscription prise au registre foncier.

840.

4. Désignation du créancier.
a. Lors de la constitution.

La cédule hypothécaire et la lettre de rente sont nominatives ou au porteur.

Elles peuvent être constituées au nom du propriétaire lui-même.

841.

b. Fondé de pouvoirs.

Il est loisible, lors de la création d'une cédule hypothécaire ou d'une lettre de rente, de constituer un fondé de pouvoirs chargé de faire et de recevoir les paiements, de consentir les réductions de garantie, et généralement de sauvegarder, avec toute diligence et impartialité, les droits tant du créancier que du débiteur et du propriétaire.

Son nom doit être porté au registre foncier et sur le titre.

Si le mandat prend fin et que les intéressés ne puissent s'entendre, le juge ordonnera les mesures nécessaires.

842.

II. Extinction.
1. Extinction de la créance.

Lorsque la dette est éteinte ou que le créancier renonce à son gage, le débiteur a le choix de faire radier l'inscription ou de la laisser subsister.

Il peut négocier de nouveau le titre rentré en sa possession.

843.

2. Radiation.

L'inscription de la cédule hypothécaire et de la lettre de rente ne peut être radiée qu'après la cancellation ou l'annulation judiciaire du titre.

844.

III. Droit du créancier.
1. Protection de la bonne foi.
a. Quant à l'inscription.

L'inscription de la cédule hypothécaire ou de la lettre de rente établit, conformément à sa teneur, l'existence de la créance en faveur de toute personne qui s'est fondée de bonne foi sur cette inscription.

845.

La cédule hypothécaire et la lettre de rente régulièrement dressées établissent, conformément à leur teneur, l'existence de la créance en faveur de toute personne qui s'est fondée de bonne foi sur ces titres.

b. Quant au titre.

846.

Le registre foncier fait foi, lorsque la cédule hypothécaire ou la lettre de rente n'est pas conforme à l'inscription, ou qu'il n'existe pas d'inscription.

c. Rapport du titre et de l'inscription.

L'acquéreur de bonne foi du titre a une action en dommages-intérêts contre le fonctionnaire par la faute duquel un titre non conforme au registre a été dressé.

Le Canton est pareillement tenu du dommage en vertu de sa responsabilité pour la tenue du registre foncier.

847.

La créance constatée par cédule hypothécaire ou par lettre de rente, au porteur ou nominative, ne peut être aliénée, donnée en gage, ni exercée d'une manière quelconque, si ce n'est au moyen du titre.

2. Exercice des droits du créancier.

Est réservée la faculté de faire valoir la créance en cas d'annulation judiciaire du titre, ou lorsque le titre n'a pas encore été dressé.

848.

Le transfert de la créance attachée à la cédule hypothécaire ou à la lettre de rente s'opère, si le titre est nominatif, par voie de cession ou d'endossement, avec remise du titre.

3. Transfert.

Si le titre est au porteur, le transfert s'opère par la remise à l'acquéreur.

Tout acquéreur a le droit de faire inscrire son nom au registre foncier.

849.

Si le titre est perdu, ou s'il a été détruit sans intention de l'éteindre, le créancier peut en faire prononcer l'annula-

4 Annulation. a. En cas de perte.

tion et demander le paiement ou, si la créance n'est pas encore exigible, la délivrance d'un titre nouveau.

L'annulation a lieu de la manière prescrite pour les titres au porteur; le délai d'opposition est d'une année.

Le débiteur a pareillement le droit de faire prononcer l'annulation d'un titre cancellé, qui ne peut être représenté.

850.

b. Sommation au créancier de se faire connaître.

Lorsque, depuis dix ans au moins, le créancier d'une cédule hypothécaire ou d'une lettre de rente est inconnu, le propriétaire de l'immeuble grevé a le droit de lui faire adresser par le juge, selon les règles concernant les absents, une sommation publique de s'annoncer.

Si le créancier ne s'annonce pas, et s'il résulte de l'enquête que, selon toute vraisemblance, la dette n'existe plus, le juge prononce l'annulation du titre, et le propriétaire de l'immeuble a le droit de disposer de la case devenue libre.

851.

5. Exceptions du débiteur.

Le débiteur ne peut faire valoir que les exceptions dérivant de l'inscription ou du titre, et celles qu'il a personnellement contre le créancier qui le poursuit.

852.

6. Paiement et réduction de dette.

Le débiteur qui paie la totalité de la dette peut exiger du créancier qu'il lui remette le titre sans l'acquitter.

S'il paie un acompte ou s'il obtient une réduction ou un allègement de la dette, il a le droit de les faire inscrire au registre foncier et mentionner sur le titre.

A défaut de mention, le paiement de l'acompte, la réduction ou l'allègement de la dette ne sont pas opposables à l'acquéreur de bonne foi du titre.

853.

Les réductions de gage seront inscrites au registre foncier et mentionnées sur le titre. 7. Réductions de gage.

A défaut de mention, elles ne sont pas opposables à l'acquéreur de bonne foi du titre.

Chapitre IV.

Des émissions d'emprunts.

854.

Celui qui émet un emprunt peut garantir les porteurs des obligations en se constituant lui-même leur débiteur et en leur donnant en gage sa créance garantie par les immeubles de l'emprunteur. A. Obligations avec sûreté immobilière indirecte.

855.

Les cédules hypothécaires et lettres de rente émises en série sont régies, sous réserve des articles suivants, par les dispositions générales relatives à ces titres. B. Titres émis en série. I. But et nature de ces titres. 1. L'émission.

Elles sont émises soit par l'intermédiaire d'un établissement public de crédit ou d'une banque, qui répond du capital et des intérêts, soit directement par les propriétaires des immeubles grevés.

856.

Les titres émis en série sont de cent francs ou d'un multiple de cent francs. 2. Nature de ces titres. a. Nature de la créance et du titre.

Tous les titres d'une série portent une numérotation continue et sont rédigés selon le même formulaire.

857.

Les créanciers ne peuvent dénoncer le remboursement des titres d'une série. b. Remboursement.

Le débiteur ne peut renoncer valablement que pour dix ans au plus au droit de rembourser les titres ou d'en accélérer l'amortissement.

858.

Les intérêts sont payés aux créanciers par l'établissement chargé de l'émission, sur la présentation des titres, ou contre la remise des coupons. c. Intérêts.

L'établissement public ou la banque qui s'est chargé de

l'émission peut percevoir des débiteurs, outre l'intérêt, une provision qui n'excédera pas un quart pour cent du capital.

859.

d. Amortissement.

Les débiteurs peuvent s'engager à verser périodiquement, outre les intérêts, une fraction du capital destinée à l'amortissement de la série.

Ces annuités sont invariables jusqu'au remboursement intégral.

L'amortissement représentera chaque année le remboursement d'un certain nombre de titres.

860.

3. Rang des titres émis en série.

Les titres émis en série seront inscrits en premier rang sur les immeubles affectés à leur garantie, et ne pourront excéder les deux tiers de la valeur du sol, plus la moitié de celle des bâtiments, le tout à teneur d'une estimation officielle.

861.

II. Effets des séries de titres.
1. Etablissement d'émission.

L'intermédiaire ne peut modifier les conditions de la dette que si ce droit lui a été réservé lors de l'émission.

862.

2. Remboursement.
a. Plan d'amortissement.

Le remboursement des séries de titres s'opère à teneur du plan d'amortissement établi lors de l'émission, ou dressé postérieurement par l'intermédiaire dans les limites de sa compétence.

Lorsqu'un titre est appelé au remboursement, le montant en est versé au créancier et le titre cancellé.

L'inscription ne peut être radiée aussi longtemps que le débiteur n'a pas satisfait à toutes les obligations assumées par lui lors de l'émission.

863.

b. Contrôle.

Le propriétaire, ou l'établissement chargé de l'émission, est tenu de procéder aux tirages au sort et remboursements, suivant les conditions arrêtées lors de l'émission et portées sur les titres, ainsi que de canceller les titres remboursés.

Ces opérations seront officiellement contrôlées par les Cantons.

864.

Tout remboursement opéré par les débiteurs doit être affecté à l'amortissement de la dette lors du prochain tirage au sort.

c. Affectation des remboursements anticipés.

Titre vingt-troisième.

Du gage mobilier.

Chapitre premier.

Du nantissement et du droit de rétention.

865.

A. Nantissement. I. Constitution. 1. Possession du créancier.

Les choses mobilières ne peuvent, en dehors des exceptions prévues par la loi, être constituées en gage que sous forme de nantissement.

Celui qui, de bonne foi, reçoit une chose en nantissement acquiert droit de gage sur elle, encore que l'auteur du nantissement n'eût pas qualité pour en disposer; sauf les droits dérivant pour des tiers de leur possession antérieure.

Il n'y a pas de nantissement, tant que le propriétaire conserve la possession exclusive de la chose.

866.

2. Droit de gage postérieur.

Le propriétaire peut constituer sur la chose un droit de gage postérieur, en donnant au créancier nanti l'ordre écrit de remettre le gage au second créancier, une fois la dette payée.

867.

3. Engagement par le créancier.

Le créancier ne peut engager la chose dont il est nanti qu'avec le consentement de celui dont il la tient.

868.

II. Extinction. 1. Perte de la possession.

Le nantissement s'éteint, dès que le créancier cesse de posséder le gage.

Ses effets sont suspendus tant que le gage se trouve,

du consentement du créancier, en la possession exclusive du propriétaire.

Le créancier a la faculté de reconstituer son droit de gage et de l'opposer à chacun, tant qu'il peut réclamer la chose des tiers qui la possèdent.

869.

2. Restitution.

Le créancier doit restituer la chose à qui de droit, une fois la dette payée ou le droit de gage éteint pour quelque autre cause.

Il n'est tenu de rendre tout ou partie du gage qu'après avoir été intégralement payé.

870.

3. Responsabilité du créancier.

Le créancier répond de la dépréciation ou de la perte du gage, à moins qu'il ne prouve que le dommage est survenu sans sa faute.

Il doit pleine indemnité s'il a, de son propre chef, aliéné ou engagé les choses qu'il avait reçues en nantissement.

871.

III. Effets.
1. Etendue de la créance garantie.

Le nantissement garantit au créancier le capital, les intérêts conventionnels et les autres accessoires légaux.

872.

2. Rang des droits de gage.

Les créanciers sont payés selon leur rang sur le prix de la chose, lorsque celle-ci est grevée de plusieurs droits de gage.

La date de la constitution des droits de gage en détermine le rang.

873.

3. Pacte commissoire.

Est nulle toute clause qui autoriserait le créancier à s'approprier le gage à défaut de paiement.

874.

B. Droit de rétention.
I. Conditions.
1. Connexité entre l'objet et la créance.

Le créancier qui, du consentement du débiteur, se trouve en possession de choses mobilières ou de valeurs appartenant à ce dernier, a le droit de les retenir jusqu'au paiement, à condition que sa créance soit exigible et qu'il y ait un rapport naturel de connexité entre elle et l'objet retenu.

Entre commerçants, la connexité existe dès que la possession de la chose et la créance résultent de leurs relations d'affaires.

Le droit de rétention s'étend même aux choses qui ne sont pas la propriété du débiteur, pourvu que le créancier les ait reçues de bonne foi; sauf les droits dérivant pour des tiers de leur possession antérieure.

875.

2. Causes d'exclusion.

Le droit de rétention ne peut s'exercer sur des choses qui, par leur nature, ne sont pas réalisables.

Il est exclu, s'il est incompatible soit avec les instructions données par le débiteur lors de la remise de la chose ou auparavant, soit avec une obligation assumée par le créancier, ou avec l'ordre public.

876.

3. En cas d'insolvabilité.

Lorsque le débiteur est insolvable, le créancier peut exercer son droit de rétention, même pour la garantie d'une créance non exigible.

Il le peut encore, nonobstant les instructions données par le débiteur ou l'obligation qu'il aurait lui-même assumée de faire de la chose un usage déterminé, si l'insolvabilité ne s'est produite ou n'est parvenue à sa connaissance que postérieurement.

877.

II. Effets.

Lorsque le créancier n'a reçu ni paiement ni garantie suffisante, il peut, après avertissement préalable au débiteur, poursuivre comme un créancier-gagiste la réalisation de la chose retenue.

S'il s'agit de titres nominatifs, le débiteur ou, en son lieu et place, le préposé ou l'office des faillites, doit coopérer à leur réalisation.

Chapitre II.

Du gage sur les créances et autres droits.

878.

A. En général.

Les créances et les autres droits aliénables peuvent être constitués en gage.

Leur engagement est soumis, toutes prescriptions contraires réservées, aux règles du nantissement.

879.

B. Constitution.
I. En général.

L'engagement des créances ne peut se faire qu'en la forme écrite.

L'engagement doit être porté à la connaissance du débiteur, et les titres constatant la créance seront remis au créancier-gagiste, à sa demande.

L'engagement des autres droits s'opère par écrit, et en observant d'ailleurs les formes prescrites pour leur transfert.

880.

II. Valeurs.

Les valeurs ne peuvent être constituées en gage que par voie de nantissement.

S'il s'agit de titres nominatifs, on observera en outre les formes applicables à l'engagement des créances.

S'il s'agit de titres à ordre, il suffit de la remise du titre endossé au créancier, et du seul nantissement pour les titres au porteur.

881.

III. Titres représentatifs de marchandises et warrants.

Lorsqu'il a été créé pour des marchandises, indépendamment du titre qui les représente, un titre de gage spécial (warrant), l'engagement de ce titre équivaut au nantissement des marchandises, pourvu qu'il en soit fait mention sur le titre principal avec indication de la somme garantie et de l'échéance.

882.

C. Effets.
I. Etendue du droit de gage.

Le gage constitué sur des créances produisant des intérêts ou d'autres revenus périodiques, tels que dividendes, ne s'étend, sauf convention contraire, qu'aux prestations courantes.

Lorsque ces accessoires sont représentés par des titres particuliers, ils ne sont compris dans le gage que s'ils ont été engagés eux-mêmes conformément à la loi.

883.

II. Administration et remboursement.

Le propriétaire peut dénoncer la créance engagée ou en opérer le recouvrement, et le créancier-gagiste a le droit de l'y contraindre, si ces mesures sont indiquées par les circonstances.

Le débiteur ne peut s'acquitter en mains du propriétaire ou du créancier-gagiste, qu'avec le consentement de l'autre intéressé; à défaut de ce consentement, il doit consigner.

Chapitre III.

De l'hypothèque mobilière.

884.

A. Constitution.
I. Dans quels cas elle est possible.
1. Bétail, machines, approvisionnements.

L'hypothèque mobilière peut être constituée sur le bétail, le matériel mobilier d'exploitation, les approvisionnements et les fonds de marchandises, à condition que ces choses servent à leur propriétaire pour l'exercice de sa profession ou de son industrie.

885.

2. Accessoires.

Le gage immobilier acquis de bonne foi sur les accessoires prime l'hypothèque mobilière.

Le nantissement obtenu de bonne foi sur les accessoires prime tant le gage immobilier que l'hypothèque mobilière.

886.

II. Forme.
1. Registre.

L'hypothèque mobilière est constituée par inscription dans le registre public du lieu où la chose se trouve d'ordinaire.

L'établissement et la tenue de ces registres seront réglés par une ordonnance du Conseil fédéral.

Les Cantons désigneront les arrondissements où ces registres seront ouverts, ainsi que les fonctionnaires chargés de les tenir.

887.

2. Inscription.

L'inscription indiquera le propriétaire de la chose hypothéquée, le créancier et le débiteur de la créance garantie, et le montant de celle-ci.

La chose doit être désignée de manière à empêcher toute confusion.

Si l'hypothèque a pour objet des fonds de marchandises ou d'autres ensembles de biens, il en sera dressé inventaire avec mention du lieu où les choses se trouvent.

888.

B. Extinction.

L'hypothèque mobilière ne produit ses effets que pendant deux ans, à partir de l'inscription.

Si elle est renouvelée avant l'expiration de ce délai, elle continue de subsister avec son rang pour les deux années qui suivent le renouvellement.

Lorsque la chose est transportée dans un autre arrondissement, l'inscription cesse de produire ses effets après le terme de trois mois, à moins qu'elle n'ait été transcrite dans le registre du nouvel arrondissement.

889.

C. Effets à l'égard des ensembles de biens.

Lorsque l'hypothèque mobilière est constituée sur des fonds de marchandises ou d'autres ensembles de biens, elle frappe autant d'objets qu'il en est porté à l'inventaire et qu'il s'en trouve effectivement au lieu indiqué.

Les objets distraits et transportés dans un autre lieu cessent de plein droit d'être hypothéqués.

Les objets nouveaux réunis à l'ensemble sont aussitôt et de plein droit soumis à l'hypothèque, en remplacement de ceux qui manquent.

Chapitre IV.

Des prêteurs sur gages.

890.

A. Prêteurs sur gages.
I. Autorisation.
1. Conditions.

Nul ne peut exercer le métier de prêteur sur gages sans l'autorisation du gouvernement cantonal.

Les Cantons peuvent prescrire que cette autorisation ne sera accordée qu'à des établissements publics cantonaux ou communaux, ainsi qu'à des entreprises d'utilité publique.

Les Cantons ont le droit de frapper d'une taxe les prêteurs sur gages.

891.

2. Durée.

L'autorisation est accordée pour un temps limité; elle peut être renouvelée.

892.

II. Mesures de police.

Les prêteurs sur gages sont tenus d'enregistrer exactement toutes les choses qu'ils reçoivent en nantissement.

Ils présentent chaque année au gouvernement un rapport sur la marche de leur entreprise.

Ils sont soumis à toutes les prescriptions que les Cantons jugeront nécessaire d'établir pour compléter les règles du présent chapitre.

893.

III. Révocation et déchéance.

L'autorisation peut être retirée en tout temps aux prêteurs sur gages qui n'observent pas les dispositions auxquelles ils sont soumis.

894.

B. Prêt sur gages.
I. Constitution.
1. Remise et reçu.

Le droit de gage est constitué par la remise de la chose contre reçu.

895.

2. Teneur du reçu.

Le reçu est libellé au nom du débiteur ou au porteur.

Il porte un numéro d'ordre et indique exactement la chose remise en gage, son estimation, le terme du remboursement et la somme prêtée.

Il est fait en deux doubles, dont l'un reste en mains du prêteur.

896.

3. Montant du prêt et intérêts.

L'emprunteur peut exiger qu'il lui soit prêté jusqu'à concurrence des trois quarts de l'estimation.

Les Cantons fixent le maximum du taux de l'intérêt.

897.

II. Effets.
1. Extinction de la créance.

Lorsque le prêt n'est pas remboursé au terme convenu, et que la somme prêtée, augmentée des intérêts, représente le montant de l'estimation, le créancier peut, après avoir préalablement et publiquement sommé le débiteur de s'acquitter, faire vendre le gage par un officier public.

Le créancier n'a aucune action personnelle contre l'emprunteur.

898.

2. Droit à l'excédent.

L'excédent du prix de vente sur le montant de la créance appartient à l'emprunteur.

899.

III. Remboursement.
1. Droit de dégager la chose.

La chose peut être dégagée en tout temps, moyennant restitution du reçu.

Si le reçu n'est pas produit, la chose peut néanmoins être dégagée, après l'échéance, par celui qui justifie suffisamment de son droit.

Il en est de même, lorsque six mois se sont écoulés depuis l'échéance, encore que le prêteur se fût expressément réservé de ne rendre la chose que contre restitution du reçu.

900.

2. Droits et devoirs du prêteur.

Le prêteur a le droit, lors du remboursement, de compter l'intérêt entier du mois courant.

S'il s'est expressément réservé la faculté de restituer la chose à tout porteur du reçu, il ne peut néanmoins le faire lorsqu'il doit admettre, d'après les circonstances, que le porteur s'est procuré le reçu d'une manière illicite.

901.

C. Achats sous pacte de réméré.

Ceux qui font métier d'acheter sous pacte de réméré sont assimilés aux prêteurs sur gages.

Chapitre V.

Des lettres de gage.

902.

Les porteurs de lettres de gage, émises par les établissements financiers à ce autorisés, sont garantis par les titres de gage immobilier qui sont la propriété de l'établissement et par les créances résultant de ses opérations ordinaires.

A. Caractère des lettres de gage.

903.

Le droit d'émettre des lettres de gage est subordonné à l'autorisation du Conseil fédéral.

Le Conseil fédéral est tenu d'accorder cette autorisation à tout établissement qui satisfait aux exigences légales.

B. Droit d'émission.
I. Autorisation.
1. Qui l'accorde.

904.

L'autorisation d'émettre des lettres de gage ne peut être accordée qu'aux établissements financiers ayant leur siège en Suisse et inscrits au registre du commerce, à condition:

Qu'ils publient un compte-rendu de leurs opérations;

Qu'ils possèdent en propre un capital effectif d'au moins un million de francs, entièrement versé et affecté exclusivement à la garantie de leurs opérations;

Qu'ils limitent leurs opérations à celles qui leur sont permises par la loi.

2. Conditions.

905.

Les opérations ordinaires des établissements autorisés à émettre des lettres de gage comprennent:

Les opérations de crédit immobilier;

Les crédits sur titres productifs d'intérêts, émis par les Etats ou les corporations de droit public;

Les prêts aux Etats et aux corporations de droit public.

Exceptionnellement, et moyennant garantir les engagements de l'établissement, l'Etat peut autoriser celui-ci à étendre ses opérations au delà de ces limites.

II. Opérations et surveillance.
1. Opérations permises.
a. Ordinaires et extraordinaires.

906.

b. Crédit immobilier.

Les opérations ordinaires de crédit immobiler comprennent:

Les prêts garantis par constitution de cédules hypothécaires, de lettres de rente et d'hypothèques;

L'ouverture de crédits et comptes-courants contre pareilles sûretés;

L'achat et la vente de cédules hypothécaires et de lettres de rente;

Les prêts sur nantissement de cédules hypothécaires et de lettres de rente.

Les prêts et crédits accordés par l'établissement, les titres acquis par lui ou à lui remis en nantissement doivent être garantis par un droit de gage en premier rang, ne grevant l'immeuble que pour les deux tiers de la valeur du sol, plus la moitié de celle des bâtiments, le tout à teneur d'une estimation officielle.

907.

c. Emprunts publics.

Les prêts sur titres émis par les Etats et les corporations de droit public doivent être garantis par le nantissement de ces titres en mains de l'établissement lui-même.

908.

d. Montant de l'émission.

Le montant des lettres de gage émises par l'établissement ne peut excéder ni le décuple de son capital de fondation, ni le montant des titres de gage immobilier qui sont sa propriété et des créances résultant de ses opérations ordinaires.

Les sûretés attachées aux lettres de gage ne peuvent être engagées par l'établissement.

909.

e. Emploi provisoire.

Les établissements pourront placer provisoirement leurs fonds disponibles en dépôts ou en effets de change de premier ordre.

Une ordonnance du Conseil fédéral règlera les conditions de ces placements.

910.

2. Surveillance.
a. Reddition des comptes.

Le Conseil fédéral surveille les opérations des établissements autorisés à émettre des lettres de gage.

Ils lui adresseront chaque semestre un rapport, accompagné du bilan et du compte de profits et pertes.

911.

b. Contrôle.

Le Conseil fédéral fait procéder, toutes les fois qu'il le juge à propos et au moins une fois chaque année, à l'inspection des établissements qui émettent des lettres de gage.

Cette inspection a pour but de vérifier si les opérations, la caisse et la tenue des livres sont conformes aux prescriptions légales sur l'émission des lettres de gage, ainsi que de contrôler l'effectif des titres de gage immobilier et autres valeurs possédés par la banque.

912.

c. Ordonnances.

Le Conseil fédéral règlera la forme du contrôle, ainsi que des comptes et rapports à présenter; il fixera la taxe de contrôle.

Il déterminera les amendes dont seront punies les infractions aux règles sur le contrôle.

913.

3. Fonds de réserve.

Les établissements autorisés à émettre des lettres de gage sont tenus de constituer un fonds de réserve, auquel ils verseront le dix pour cent de leurs bénéfices nets annuels, jusqu'à ce qu'il ait atteint le cinquième de leur capital.

914.

III. Retrait de l'autorisation et déchéance.

Le Conseil fédéral retirera l'autorisation d'émettre des lettres de gage à tout établissement qui contreviendra aux prescriptions légales.

Les fonctionnaires et administrateurs coupables d'avoir violé les dispositions de la loi ou des ordonnances du Conseil fédéral répondent personnellement, avec l'établissement luimême, du dommage causé et seront punis de l'amende jusqu'à dix mille francs ou de l'emprisonnement jusqu'à trois ans.

915.

C. Lettres de gage.
I. Constitution.

Les créanciers ne peuvent dénoncer le remboursement des lettres de gage.

Les titres sont nominatifs ou au porteur.

Les lettres nominatives sont transmissibles par endossement.

Les coupons sont au porteur.

916.

II. Réalisation du gage.

L'établissement qui ne satisfait pas aux obligations résultant de la lettre de gage ou du coupon est soumis à la poursuite pour effets de change; la poursuite en réalisation du gage n'est pas applicable.

Le créancier peut faire constater immédiatement par un officier public le défaut de paiement de la lettre de gage ou du coupon.

Titre vingt-quatrième.

Des droits sur les choses sans maître et sur les choses du domaine public.

Chapitre premier.

Dispositions générales.

917.

A. Haute police.

Les choses sans maître et les choses du domaine public, les eaux publiques en particulier, sont soumises à la haute police de l'Etat dans le territoire duquel elles se trouvent.

Les eaux publiques sont les lacs, rivières et ruisseaux, sur lesquels personne ne peut établir un droit de propriété.

Le droit cantonal règle l'occupation des choses sans maître et la manière dont chacun peut jouir de celles du domaine public, telles que les routes, les rivières et le lit des rivières.

918.

B. Droits régaliens.

Les Cantons ont la faculté de déclarer droits régaliens la chasse et la pêche, l'exploitation des forces hydrauliques et l'extraction des matières premières soumises aux règles concernant les mines.

919.

C. Droits de propriété.

Les eaux publiques, de même que les régions impropres

à la culture, rochers, éboulis, névés, glaciers, et les sources y jaillissant, ne sont point propriété privée.

L'autorité compétente peut toutefois concéder des droits de propriété sur des portions déterminées de ces régions.

920.

D. Concession.

Les Cantons peuvent subordonner à une autorisation officielle l'exploitation de choses du domaine public, telles que les glaciers, les lacs et les cours d'eau, pour en extraire de la glace ou du gravier; ils peuvent accorder ce droit, à titre exclusif et dans une mesure déterminée, à certains concessionnaires.

L'usage des eaux publiques pour l'irrigation est commun à tous, sous réserve des droits acquis.

921.

E. Servitudes et charges foncières.

On peut établir sur les choses du domaine public ou en leur faveur des servitudes et des charges foncières.

Si le fonds dominant ou le fonds servant est immatriculé au registre foncier, ces droits pourront y être inscrits.

Chapitre II.

Des concessions hydrauliques.

922.

A. Concessions hydrauliques.
I. Droit d'accorder ces concessions.
1. En général.

Nul ne peut faire servir les eaux publiques à la production d'une force motrice ou à l'alimentation, sans en avoir obtenu la concession, avec l'approbation du plan des ouvrages projetés pour la prise et l'utilisation de l'eau.

La concession est octroyée par l'autorité compétente du Canton dans le territoire duquel a lieu la prise d'eau.

Les Cantons édictent les règlements nécessaires.

923.

2. Droit à la concession.

L'autorité compétente octroie la concession, eu égard aux intérêts économiques en présence et à la prospérité générale.

Elle refusera la concession, si l'ouvrage projeté est contraire à l'intérêt public, porte une atteinte considérable à des droits existants ou n'assure pas suffisamment l'exploitation rationnelle de la force hydraulique.

La concession doit être accordée, entre plusieurs demandeurs, à celui qui est propriétaire riverain, s'il n'y a d'autres causes de préférence.

924.

3. Concessionnaire.

La concession est octroyée à une personne déterminée, à une société, une corporation ou un établissement.

Elle ne peut être transférée sans l'agrément de l'autorité.

925.

4. Durée de la concession.

La concession est octroyée pour un temps limité, dont la durée dépend des circonstances; elle ne peut l'être toutefois pour moins de trente ans, sans le consentement du demandeur.

926.

5. Droit du concessionnaire aux sources.

La concession ne s'étend pas aux sources qui alimentent les eaux publiques.

Des sources publiques pourront cependant y être comprises.

L'autorité compétente peut accorder aux entreprises d'utilité publique le droit de s'approprier, moyennant équitable indemnité, les sources non encore utilisées ou captées qui se trouvent dans le bassin des eaux dont elles ont la concession.

927.

6. Droit d'expropriation.

L'autorité concédante peut accorder aux entreprises d'utilité publique le droit d'expropriation pour l'établissement, la transformation ou l'agrandissement de leurs ouvrages hydrauliques.

Ce droit ne s'applique pas seulement aux immeubles et droits réels, mais aussi aux droits d'eau existants, incompatibles avec l'entreprise, aux droits de flottage et autres semblables, à condition que leur maintien ne s'impose pas en vue d'un intérêt spécial, impossible à satisfaire autrement.

L'extension du droit d'expropriation à des entreprises fondées principalement dans un intérêt privé est réservée à la législation cantonale.

928.

Le Conseil fédéral a le droit d'exiger que les concessionnaires établissent à leurs frais, lors de l'exécution des travaux, les installations commandées par l'intérêt de la navigation, du flottage, de la pisciculture et du service hydrométrique. 7. Installations spéciales.

Il pourra prescrire aux Cantons les clauses qu'ils devront à cette fin introduire dans les concessions.

929.

Lorsqu'une entreprise intéresse des eaux publiques dans le territoire de plusieurs Cantons, et que ceux-ci ne peuvent s'entendre, la concession est octroyée par le Conseil fédéral. 8. Plusieurs cantons intéressés.

S'il confère au concessionnaire le droit d'expropriation, ce droit s'exerce néanmoins selon les règles des lois cantonales.

930.

La concession ne peut être octroyée qu'avec l'agrément du Conseil fédéral, s'il s'agit d'eaux publiques corrigées à l'aide d'une subvention fédérale. 9. Eaux corrigées avec l'aide de la Confédération.

931.

Le droit d'établir des ouvrages sur les eaux frontières dépend des Cantons intéressés et fait l'objet d'une concession commune. 10. Eaux frontières

Si les Cantons ne peuvent s'entendre, la concession est octroyée par le Conseil fédéral.

La concession est octroyée pour chaque Canton dans la mesure de ses droits de souveraineté, et d'ailleurs de manière à permettre l'utilisation la plus complète des forces hydrauliques; les droits des Cantons riverains sont présumés égaux.

932.

L'établissement d'ouvrages hydrauliques sur les eaux privées est soumise à la surveillance de l'Etat; il ne peut avoir lieu qu'avec l'agrément de l'autorité compétente, s'il est de nature à compromettre les droits des tiers ou quelque intérêt public. 11. Eaux privées.

933.

II. Egards réciproques.

Lorsque plusieurs entreprises sont dans la dépendance les unes des autres quant au niveau et à la chute de l'eau, chacun des concessionnaires peut exiger que l'établissement et la manœuvre des ouvrages qui modifient le niveau et l'écoulement de l'eau soient réglés conformément aux intérêts de toutes parties.

Les ordonnances relatives à l'exercice de ce droit sont édictées par les Cantons, ou, si les entreprises empruntent le territoire de plusieurs Cantons, par le Conseil fédéral.

934.

III. Formation d'associations.
1. Constitution.

Les titulaires de plusieurs concessions sur un même cours d'eau peuvent se constituer en association pour établir en commun des réservoirs et autres ouvrages dans le but de recueillir, d'augmenter et d'employer la force motrice, ainsi que pour en régler l'usage.

935.

2. Droit d'y accéder.

Tout concessionnaire intéressé a le droit d'entrer dans l'association des autres concessionnaires du même cours d'eau.

936.

3. Obligation de former une association.

Lorsque la plupart des concessionnaires de droits sur un même cours d'eau ont un avantage considérable à constituer une association, celle-ci pourra être déclarée obligatoire par l'autorité cantonale compétente, ou, si les entreprises dépendent de plusieurs Cantons, par le Conseil fédéral.

Cette déclaration n'aura lieu qu'à la requête de la majorité des intéressés, représentant plus de la moitié des forces hydrauliques, et à la condition que l'établissement des ouvrages communs n'impose à aucun des concessionnaires des charges excédant ses ressources.

937.

IV. Protection des droits des tiers.

Avant d'octroyer la concession, l'autorité sommera publiquement ceux dont les droits pourraient être compromis de former leurs oppositions ou réclamations dans un délai fixé à cet effet.

Les contestations sur l'existence ou l'étendue des droits allégués sont soumises au juge.

938.

Le Canton et la commune dans le territoire desquels la prise d'eau doit avoir lieu peuvent, pendant le délai d'opposition, faire valoir un droit de préférence sur la concession.

V. Droit de préférence de l'Etat et des communes.
1. Exercice de ce droit.

Lorsque le Canton et la commune prétendent à ce droit, la préférence est accordée au Canton.

Si l'Etat ou la commune qui a fait valoir son droit de préférence n'a pas commencé les travaux dans les trois ans à partir de l'expiration du délai d'opposition, ce droit se trouve périmé.

939.

Lorsque plusieurs communes du même Canton font valoir leur droit de préférence, l'autorité cantonale compétente décide à laquelle la concession sera octroyée.

2. Pluralité de concurrents.

La décision appartient au Conseil fédéral, lorsqu'il s'agit de communes de différents Cantons ou des Cantons eux-mêmes.

940.

Le dépôt des plans, la publication, les délais, les oppositions et réclamations, ainsi que l'octroi de la concession, sont régis par les dispositions en vigueur dans le Canton où la prise d'eau doit avoir lieu.

VI. Procédure.

Si la concession intéresse plusieurs Cantons, on observe dans chacun d'eux les règles de sa procédure particulière.

Les difficultés qui peuvent surgir sont tranchées par le Conseil fédéral.

941.

Les concessions hydrauliques s'éteignent par l'expiration du temps pour lequel elles ont été octroyées; elles peuvent être renouvelées.

B. Fin de la concession.
I. Expiration du temps et renouvellement.

Les conditions du renouvellement seront adaptées aux ricconstances nouvelles, sans aggravation notable toutefois des charges du concessionnaire; le renouvellement sera accordé selon les mêmes règles que la concession.

S'il n'est pas accordé, le Canton est tenu d'allouer au concessionnaire une indemnité équitable, représentant la valeur des ouvrages déterminée par expertise judiciaire.

942.

II. Déchéance.

Le concessionnaire qui contrevient gravement aux clauses de la concession en sera déclaré déchu par l'autorité compétente.

La concession s'éteint de plein droit lorsque l'entreprise n'est pas mise en exploitation dans le délai fixé, ou cesse d'être exploitée pendant cinq années consécutives, ou lorsque, des ouvrages essentiels ayant été détruits, ils n'ont pas été rétablis dans le même délai.

943.

C. Emoluments et redevances.

L'émolument de concession et les redevances annuelles appartiennent aux Cantons, même lorsque la concession aurait été octroyée par le Conseil fédéral.

Si la concession intéresse plusieurs Cantons, chacun d'eux perçoit ces droits dans la proportion du volume d'eau et de la force que fournit son territoire.

Chapitre III.

Des mines.

944.

A. Objet.
I. Droit fédéral.

Les règles concernant les mines s'appliquent à tous travaux destinés à la recherche et à l'extraction industrielle des substances suivantes:

Minerais métallifères;

Matières fossiles combustibles, éclairantes et autres semblables, telles que graphite, anthracite, houille, lignite, lignite feuilleté, asphalte, bitumes et huiles minérales, soufre natif ou combiné, à l'exclusion toutefois de la tourbe;

Sel gemme et eaux salines contenant du sel de cuisine.

945.

Les Cantons ont le droit d'étendre les règles concernant les mines aux carrières et aux fouilles en général, notamment à l'extraction des gypses, phosphates, des sels autres que ceux ci-dessus désignés, des minéraux rares et des cristaux; pareillement, aux sources minérales et thérapeutiques, aux gaz minéraux, si ces sources et gaz sont amenés à la surface par des forages ou autres travaux souterrains.

II. Droit cantonal.

946.

Toute personne, y compris le propriétaire du sol, qui se propose de rechercher des substances soumises aux règles concernant les mines ou d'exploiter un gisement déjà découvert, doit obtenir un permis de recherches, que l'autorité cantonale délivre après avoir entendu les propriétaires intéressés.

B. Acquisition.
I. Recherches.
1. Octroi du permis de recherches.

Le permis ne peut être refusé que si les recherches sont préjudiciables au bien public, ou compromettent des intérêts si considérables que les avantages résultant de la mine ne pourraient évidemment les compenser.

947.

Le permis est accordé pour une ou plusieurs substances; il n'en sera délivré qu'à une seule personne pour la même substance et le même territoire.

2. Teneur du permis de recherches.

Il est accordé pour un temps et pour un territoire déterminés, avec plus ou moins d'étendue selon que les règles techniques et les intérêts économiques le demandent.

Il cesse d'être valable si les recherches indiquées par le but de l'entreprise n'ont pas été faites dans le délai fixé, ou si elles ont été vaines.

Les limites et la durée de ce permis peuvent être étendues ultérieurement suivant les circonstances.

948.

Le porteur du permis fera dresser procès-verbal officiel de sa découverte, à l'effet d'établir si le gisement est ex-

3. Effet des recherches.

ploitable; il adressera ensuite, dans le délai de trois mois, une demande de concession à l'autorité cantonale.

L'autorité compétente peut accorder un nouveau délai suivant les circonstances.

949.

II. Concession. 1. Condition.

Aucune substance soumise aux règles concernant les mines ne peut être exploitée qu'en vertu d'une concession octroyée par l'autorité cantonale, et qui ne sera refusée que pour les mêmes raisons qu'un permis de recherches.

La concession déterminera les droits d'autres intéressés envers celui qui aurait découvert des matières fossiles différentes de celles spécifiées dans son permis.

Sont réservés les droits régaliens des Cantons.

950.

2. Concessionnaire.

La concession est octroyée à une personne déterminée, à une société, une corporation ou un établissement.

La concession ni le permis de recherches ne peuvent être transférés sans l'agrément de l'autorité.

951.

3. Teneur de la concession.

La concession porte sur une ou plusieurs substances; elle est octroyée pour un temps et un périmétre déterminés, avec plus ou moins d'étendue suivant les circonstances et les exigences d'une exploitation rationnelle.

La délimitation du périmètre de la mine, tant à la surface du sol que sur les plans, sera réglée par le Conseil fédéral.

952.

III. Indemnité au propriétaire.

Les propriétaires sur les fonds desquels des recherches sont faites ou des mines sont ouvertes, ont droit à une indemnité pour la surface mise à contribution et pour tout autre dommage.

L'indemnité est fixée suivant les règles de l'expropriation.

Le propriétaire peut exiger que des sûretés lui soient fournies avant le commencement des travaux dommageables.

953.

La concession s'éteint par l'expiration du temps pour lequel elle a été accordée; elle peut être renouvelée.

C. Fin de la concession.
I. Expiration du temps et renouvellement.

Les conditions du renouvellement seront adaptées aux circonstances nouvelles, sans aggravation notable toutefois des charges du concessionnaire; le renouvellement sera accordé selon les mêmes règles que la concession.

S'il n'est pas accordé, le concessionnaire a droit à une indemnité équitable, représentant la valeur des ouvrages déterminée par expertise judiciaire.

954.

Le concessionnaire qui contrevient gravement aux clauses de la concession en sera déclaré déchu par l'autorité compétente.

II. Déchéance.

La concession s'éteint de plein droit, lorsque la mine n'est pas mise en exploitation dans le délai fixé, ou cesse d'être exploitée pendant cinq années consécutives.

955.

La mine doit être ouverte et exploitée conformément aux règles de l'art et aux dispositions établies pour la protection des personnes et des propriétés.

D. Droits et devoirs du concessionnaire.
I. Conditions d'exploitation.

Le concessionnaire observera toutes les précautions et prendra toutes les mesures indiquées par la technique pour préserver de dommage la surface du sol, les bâtiments, chemins et cours d'eau.

956.

Le concessionnaire a le droit de se faire adjuger par voie d'expropriation:

II. Expropriation.
1. Cas d'expropriation.

Les immeubles dont il a besoin pour des recherches, des constructions ou d'autres installations indispensables, et ceux qui souffriraient inévitablement par l'exploitation de la mine une dépréciation considérable;

Les sources que les fouilles mettent au jour et le bois abattu pour ouvrir la mine, en tant qu'ils sont nécessaires à l'exploitation de celle-ci.

957.

2. Restriction.

L'expropriation sera refusée, si l'utilité qu'elle aurait pour la mine est évidemment inférieure à la valeur du fonds.

Elle pourra être refusée, si des voies de communication, des édifices publics, ou des établissements d'une importance économique considérable se trouvaient menacés de destruction totale ou partielle.

958.

III. Devoirs du concessionnaire.

Le concessionnaire est tenu d'établir à ses frais tous les ouvrages auxquels il est obligé par la concession ou par la loi.

Il indemnisera les tiers de tout dommage causé directement ou indirectement par les recherches ou l'exploitation de la mine.

959.

IV. Redevances.

Les redevances imposées au concessionnaire sont fixées par le droit cantonal.

Elles seront proportionnées aux produits de la mine, à la durée et au périmètre de la concession.

960.

E. Ordonnances.

Le Conseil fédéral arrêtera les mesures d'exécution nécessaires.

Les ordonnances des Cantons seront soumises à l'approbation du Conseil fédéral.

Troisième Partie.

De la possession et du registre foncier.

Titre vingt-cinquième.

De la possession.

961.

A. Définition et espèces.
I. Définition.

Celui qui tient une chose en sa puissance en a la possession.

En matière de servitudes et charges foncières, la possession consiste dans l'exercice effectif du droit.

962.

II. Possession originaire et dérivée.

Lorsque le possesseur remet la chose à un autre pour lui conférer soit un droit de servitude ou de gage, soit un droit personnel, tous deux ont la possession de la chose.

963.

III. Interruption passagère.

La possession n'est point perdue, lorsque l'obstacle qui s'oppose à son exercice ou l'abandon qui en est fait sont de nature passagère.

964.

B. Transfert.
I. Entre présents.

La possession se transfère par la remise à l'acquéreur de la chose même, ou de moyens qui la font passer en sa puissance.

La tradition est parfaite, dès que la chose se trouve, avec la volonté du possesseur antérieur, en la puissance de l'acquéreur.

965.

II. Entre absents.

La tradition qui s'opère entre absents est parfaite par la remise de la chose à l'acquéreur ou à son représentant.

Le voiturier et le messager représentent l'aliénateur, sauf convention contraire.

966.

III. Sans tradition.

La possession peut s'acquérir sans tradition, lorsqu'un tiers, ou même l'aliénateur, demeure en possession de la chose à un titre spécial.

Ce transfert ne produit d'effets à l'égard du tiers resté en possession que dès le moment où l'aliénateur lui en a donné connaissance.

Le tiers peut refuser la délivrance à l'acquéreur pour les raisons qui l'y auraient autorisé envers l'aliénateur.

967.

IV. Marchandises représentées par titres.

Lorsqu'il a été délivré, pour les marchandises confiées à un expéditeur ou à un entrepôt, des titres qui les représentent, le transfert en due forme du titre vaut comme tradition des marchandises mêmes.

Si néanmoins l'acquéreur de bonne foi du titre se trouve en conflit avec un acquéreur de bonne foi des marchandises mêmes, celui-ci a la préférence.

968.

C. Portée juridique.
I. Protection de la possession.
1. Droit de défense.

Le possesseur a le droit de repousser par la force tout acte d'usurpation ou de trouble.

Il peut, lorsque la chose lui a été enlevée par violence ou clandestinement, la reprendre aussitôt soit, s'il s'agit d'un immeuble, en expulsant l'usurpateur, soit, s'il s'agit d'une chose mobilière, en l'arrachant au spoliateur surpris en flagrant délit ou arrêté dans sa fuite.

Il doit cependant s'abstenir de toutes voies de fait qui ne seraient pas justifiées par les circonstances.

969.

2. Réintégrande.

Quiconque usurpe une chose en la possession d'autrui, est tenu de la rendre, encore qu'il prétende sur cette chose un droit préférable.

L'action sera intentée sans retard; elle tend à la restitution de la chose et à la réparation du dommage.

970.

Le possesseur troublé dans sa possession peut actionner l'auteur du trouble, encore que celui-ci prétende quelque droit sur la chose.

3. Action à raison du trouble de la possession.

L'action sera intentée sans retard; elle tend à la cessation du trouble, à l'interdiction d'en causer à l'avenir et à la réparation du dommage.

971.

L'action se prescrit, dans tous les cas, par une année dès le jour de l'usurpation ou du trouble, même si le possesseur n'a eu que plus tard connaissance du fait et de son auteur.

4. Prescription de l'action.

972.

Le possesseur d'une chose mobilière en est présumé propriétaire.

II. Protection du droit.
1. Relation entre le fait et le droit.
a. Présomption de propriété.

Les possesseurs antérieurs sont pareillement présumés avoir été propriétaires de la chose pendant la durée de leur possession.

973.

Celui qui, sans se prétendre propriétaire, possède une chose mobilière, peut invoquer la présomption de propriété de celui dont il la tient de bonne foi.

b. Présomption d'un autre droit réel.

S'il prétend la posséder à titre d'usufruit ou de gage, l'existence du droit qu'il allègue est présumée.

Il ne peut toutefois opposer cette présomption à celui dont il tient la chose.

974.

Quiconque actionne à raison d'actes d'usurpation ou de trouble doit être protégé dans sa possession, sans qu'il ait à établir aucun droit.

c. Effet des actions possessoires.

Hors ces cas, le défendeur peut opposer son droit préférable à toute action possessoire.

975.

d. En matière d'immeubles.

S'il s'agit d'un immeuble immatriculé au registre foncier, la présomption du droit ainsi que la faculté d'actionner en vertu de la possession n'appartiennent qu'à celui qui est inscrit.

Celui qui exerce la puissance de fait a toutefois la faculté d'actionner pour cause d'usurpation ou de trouble.

976.

2. Droit de disposition et de revendication. a. Choses confiées.

L'acquéreur de bonne foi auquel une chose mobilière est transférée, à titre de propriété ou d'autre droit réel, par celui auquel le possesseur l'avait confiée, doit être maintenu dans son acquisition.

977.

b. Choses perdues ou volées.

Le possesseur auquel une chose mobilière a été volée, ou qui l'a perdue, ou qui s'en trouve dessaisi de toute autre manière sans sa volonté, peut la revendiquer contre tout acquéreur pendant cinq ans.

Si la chose a été vendue aux enchères publiques, ou dans un marché, ou dans un magasin d'objets de même espèce, elle ne peut plus être revendiquée contre un acquéreur de bonne foi que moyennant le remboursement du prix qu'il a payé.

La restitution est soumise d'ailleurs aux règles concernant le possesseur de bonne foi.

978.

c. Monnaie et titres au porteur.

La monnaie et les titres au porteur ne peuvent être revendiqués contre l'acquéreur de bonne foi, même si le possesseur en a été dessaisi sans sa volonté.

979.

d. En cas de mauvaise foi.

Celui qui n'a pas acquis de bonne foi la possession d'une chose mobilière peut être contraint en tout temps de la restituer au possesseur antérieur.

Lorsque celui-ci n'est pas lui-même acquéreur de bonne foi, il ne peut revendiquer la chose contre aucun possesseur subriquent.

980.

Le possesseur de bonne foi, qui a joui de la chose conformément à son droit présumé, ne doit de ce chef aucune indemnité à celui auquel il est tenu de la restituer.

III. Obligation de restituer.
1. Possesseur de bonne foi.
a. Jouissance.

Il ne répond pas des pertes ou dépréciations survenues sans sa faute.

981.

Le possesseur de bonne foi peut réclamer du demandeur en restitution le remboursement des impenses nécessaires et utiles qu'il a faites et, jusqu'à paiement, retenir la chose.

b. Indemnités.

Il n'a droit à aucune indemnité pour les autres impenses; il a la faculté d'enlever, avant toute restitution, ce qu'il a uni à la chose et qui peut en être séparé sans dommage, à moins que le demandeur ne lui en offre la contre-valeur.

Les fruits perçus par le possesseur sont imputés sur sa créance contre le propriétaire.

982.

Le possesseur de mauvaise foi est tenu de restituer la chose avec tous ses accessoires, et d'indemniser l'ayant droit pour tout le dommage résultant de l'indue détention, ainsi que pour les fruits qu'il a perçus ou négligé de percevoir.

2. Possesseur de mauvaise foi.

Il n'a de créance à raison de ses impenses que si l'ayant droit eût été dans la nécessité de les faire lui-même.

Il ne répond que du dommage causé par sa faute, aussi longtemps qu'il ne connaît pas la personne à qui la chose doit être restituée.

983.

Le possesseur en état d'invoquer la prescription peut joindre à sa possession celle de son auteur, si ce dernier était aussi en droit de prescrire.

IV. Prescription.

Titre vingt-sixième.

Du registre foncier.

984.

A. Institution du registre foncier. I. Le registre. 1. Ses éléments.

Le registre foncier est le registre des droits sur les immeubles.

Il consiste en un registre principal, que les pièces justificatives, plans et registres accessoires sont destinés à compléter.

985.

2. Immatriculation. a. Immeubles immatriculés.

Sont immatriculés comme immeubles au registre foncier:

Les biens-fonds;

Les droits distincts et permanents, comme les concessions hydrauliques et les droits de superficie;

Les mines.

Le mode d'immatriculation des droits distincts et permanents, ainsi que des mines, sera arrêté par le Conseil fédéral.

986.

b. Immeubles non immatriculés.

Ne sont pas immatriculés:

Le territoire sans maître,

Les immeubles servant à l'usage public, routes, places, édifices, cimetières, à moins qu'ils n'appartiennent à des particuliers ou qu'il n'existe à leur égard des droits réels dont l'inscription est demandée.

Lorsqu'un immeuble immatriculé se transforme en immeuble non soumis à l'immatriculation, il est éliminé du registre foncier.

Un registre spécial est réservé aux chemins de fer servant à l'usage public.

987.

3. Les registres. a. Registre principal.

Chaque immeuble reçoit un feuillet et un numéro distincts dans le registre principal.

En cas de division d'un immeuble, un feuillet et un numéro distincts sont assignés à chacune des parcelles, et l'on y reporte l'inscription de tous les droits relatifs à ces parcelles.

En cas de réunion de plusieurs immeubles, un feuillet et un numéro distincts sont assignés à l'immeuble nouveau.

988.

b. Le feuillet du registre foncier.

Chaque feuillet contient la description de l'immeuble d'après le plan, ainsi que son estimation au cadastre et à l'assurance officielle.

On inscrit, dans les diverses rubriques du feuillet :

La propriété ;

Les servitudes et les charges foncières constituées en faveur de l'immeuble ou sur l'immeuble ;

Les droits de gage dont l'immeuble est grevé.

A la demande du propriétaire, les accessoires de l'immeuble peuvent être portés sur le feuillet ; en ce cas, ils ne seront radiés que du consentement de tous ceux qui ont des droits inscrits sur l'immeuble.

989.

c. Feuillets collectifs.

Plusieurs immeubles, même non contigus, peuvent, avec l'autorisation du propriétaire, être immatriculés sur un feuillet unique.

Les inscriptions portées sur ce feuillet valent pour tous les immeubles qui y sont réunis.

990.

d. Registres accessoires.

Les registres accessoires sont :

Le répertoire des personnes, où sont portés par ordre alphabétique les noms de tous les propriétaires inscrits, avec renvoi au registre principal ;

Le journal, où sont inscrites, à mesure qu'elles ont lieu et à la suite les unes des autres, sans aucun blanc, les réquisitions d'inscription, avec l'indication de leur auteur et de leur objet.

Le Conseil fédéral pourra prescrire la tenue d'autres registres.

991.

e. Pièces justificatives.

Les pièces justificatives des inscriptions seront classées par ordre chronologique et conservées.

992.

f. Ordonnances.

Le Conseil fédéral arrête les formulaires des registres fonciers et rend les ordonnances nécessaires.

Les Cantons ont le droit d'édicter, avec l'approbation du Conseil fédéral, les dispositions relatives à l'inscription des droits réels régis par la législation cantonale.

993.

4. Plans.

L'immatriculation et la description de chaque immeuble au registre foncier s'opère à teneur d'un plan officiel, dressé en général sur la base d'une mensuration géométrique.

Les plans peuvent être établis sans mensuration géométrique pour les pâturages, allmends, marais, forêts et immeubles semblables, qui seraient d'une étendue considérable.

Le Conseil fédéral arrêtera les règles à suivre pour le lever de ces plans.

994.

5. Cadastre hydrographique.

L'immatriculation et la description des concessions hydrauliques portées au registre foncier s'opèrent à teneur d'un plan officiel, dressé par les Cantons conformément aux instructions du Conseil fédéral.

995.

II. Tenue du registre foncier.
1. Arrondissements.
a. Compétence.

Il sera créé des arrondissements de registre foncier.

Chaque bureau tient le registre des immeubles de son arrondissement.

996.

b. Immeubles situés dans plusieurs arrondissements.

Tout immeuble situé dans plusieurs arrondissements sera immatriculé au registre foncier de chacun d'eux, avec renvoi aux autres et désignation de l'arrondissement où doivent se faire les réquisitions et les inscriptions constitutives de droits réels.

Ces inscriptions s'opèrent au registre de l'arrondissement où se trouve la partie de l'immeuble qui a la plus grande valeur.

Les inscriptions faites dans ce bureau sont communiquées d'office aux bureaux des autres arrondissements.

997.

L'organisation des bureaux du registre foncier, la formation des arrondissements, la nomination et le traitement des fonctionnaires, ainsi que l'exercice de la surveillance. sont réglés par les Cantons sous le contrôle de la Confédération.

2. Bureaux du registre foncier.

Les dispositions prises en ces matières par les Cantons sont soumises à l'approbation du Conseil fédéral.

Le tarif des émoluments sera arrêté par le Conseil fédéral.

998.

Les Cantons sont responsables de tout dommage causé par les fonctionnaires ou employés des bureaux du registre foncier ou par les autorités de surveillance immédiate.

3. Fonctionnaires. a. Responsabiltié.

Ils ont droit de recours contre les fonctionnaires ou employés fautifs.

Une partie des émoluments sera consacrée à la constitution d'un fonds destiné au paiement des dommages-intérêts à la charge des Cantons.

999.

Les conservateurs du registre foncier sont soumis à une surveillance régulière.

b. Surveillance.

L'autorité cantonale de surveillance prononce sur les plaintes portées contre eux, à moins que la loi ne prescrive la voie judiciaire.

Le droit de recours aux autorités fédérales sera réglé par des dispositions particulières.

1000.

Les fonctionnaires ou employés coupables d'une violation de leurs devoirs sont passibles de peines disciplinaires, prononcées par l'autorité cantonale de surveillance.

c. Peines disciplinaires.

Ces peines sont la réprimande, l'amende jusqu'à mille francs et, dans les cas graves, la destitution.

Les poursuites pénales demeurent réservées.

1001.

Le registre foncier est destiné à l'inscription des droits immobiliers suivants:

B. L'inscription. I. Droits à inscrire. 1. Propriété et droits réels.

La propriété;

Les servitudes et les charges foncières ;
Les droits de gage.

1002.

2. Annotation. a. Droits personnels.

Les droits personnels (tels que les droits de préemption et de réméré, les baux à ferme et à loyer) peuvent être annotés au registre foncier dans les cas expressément prévus par la loi, et deviennent ainsi opposables à tout droit postérieurement acquis sur l'immeuble.

1003.

b. Indisponibilités.

Les prohibitions d'aliéner un ou plusieurs immeubles déterminés peuvent être annotées lorsqu'elles résultent soit d'une décision officielle, rendue pour la conservation de droits litigieux ou exécutoires, soit d'une disposition de l'homme dont la loi autorise l'annotation (comme la constitution d'un asile de famille et les substitutions fidéicommissaires); elles deviennent ainsi opposables à tout droit postérieurement acquis sur l'immeuble.

Les prohibitions légales d'aliéner ne sont pas annotées.

1004.

c. Inscriptions provisoires.

Des inscriptions provisoires pourront être prises au bénéfice d'un requérant qui allègue un droit réel, ou qui est admis par la loi à compléter sa légitimation.

Elles auront lieu, du consentement des intéressés ou ensuite de décision judiciaire, avec l'effet que le droit, une fois constaté, sera opposable aux tiers dès la date de l'annotation.

Le juge décide comme en matière sommaire et autorise l'annotation, si le droit du requérant lui paraît vraisemblable ; il en détermine exactement la durée et les effets et il fixe, le cas échéant, un délai dans lequel le requérant fera constater son droit en justice.

1005.

II. Conditions de l'inscription. 1. Requisition. a. Pour l'inscription.

Les inscriptions s'opèrent sur la déclaration écrite du propriétaire de l'immeuble auquel se rapporte la disposition à inscrire.

Cette déclaration n'est pas nécessaire, lorsque l'acquéreur se fonde sur la loi, ou qu'il produit un jugement ou tout autre acte équivalent.

1006.

Les modifications ou radiations ne peuvent être faites que sur la déclaration écrite du propriétaire, lorsque cette déclaration est nécessaire pour l'inscription elle-même, et, en outre, avec le consentement écrit de tous ceux auxquels l'inscription confère des droits.

b. Pour la radiation.

Ce consentement résulte suffisamment de la signature des ayants droit, apposée sur le journal.

1007.

Les servitudes sont inscrites et radiées simultanément aux feuillets du fonds dominant et du fonds servant.

c. Inscription et radiation des servitudes.

1008.

Aucune opération de registre foncier (inscription, modification, radiation) ne peut avoir lieu sans légitimation préalable du requérant, quant à son droit de disposition et au titre en vertu duquel l'opération est requise.

2. Légitimation. a. Validité.

Le requérant établit son droit de disposition en prouvant son identité avec la personne du propriétaire inscrit ou sa qualité de représentant de ce dernier.

Il justifie de son titre en prouvant que les formes auxquelles la validité de celui-ci est subordonnée, ont été observées.

1009.

Toute réquisition doit être écartée, si la légitimation nécessaire fait défaut.

b. Complément de légitimation.

Néanmoins, si le titre existe en la forme légale, et qu'il n'y ait lieu que de compléter la légitimation, le requérant peut, avec le consentement du propriétaire ou sur ordonnance du juge, faire annoter son droit.

1010.

Les inscriptions au registre principal se font dans l'ordre des réquisitions.

III. Mode de l'inscription.

Un extrait de toute inscription sera délivré aux intéressés, à leur demande.

La forme des inscriptions et des radiations, ainsi que des extraits, sera arrêtée par le Conseil fédéral.

1011.

IV. Avis obligatoires.

Le conservateur du registre foncier communiquera d'office aux intéressés toutes les opérations auxquelles il procède sans qu'ils aient été prévenus.

Les délais pour attaquer ces décisions et inscriptions courent dès la communication.

1012.

C. Publicité du registre foncier.

Le registre foncier est public.

Quiconque justifie d'un intérêt suffisant peut se faire communiquer, en présence d'un fonctionnaire du bureau, les feuillets spéciaux qu'il désigne, ou s'en faire délivrer des extraits.

Nul ne peut se prévaloir de ce qu'il n'a pas connu une inscription portée au registre foncier.

1013.

D. Effets du registre foncier.
I. Effets du défaut d'inscription.

Tout droit dont la constitution est légalement subordonnée à une inscription au registre foncier, n'existe comme droit réel que si cette inscription a eu lieu.

Le droit dont l'inscription ne précise point par elle-même l'étendue, sera défini par les pièces justificatives ou par d'autres moyens de preuve.

1014.

II. Effets de l'inscription.
1. Concours de droits.

Les droits réels naissent et prennent rang par l'enregistrement des réquisitions au journal, moyennant qu'elles satisfassent à toutes les conditions légales, ou, en cas d'inscription provisoire, que la légitimation complémentaire ait eu lieu en temps utile.

Les inscriptions de même date qui figurent dans des rubriques différentes du registre foncier, concourent à droit égal, si elles ne renferment aucune mention contraire.

1015.

2. A l'égard des tiers de bonne foi.

Celui qui acquiert la propriété ou d'autres droits réels, en se fondant de bonne foi sur une inscription au registre foncier, sera maintenu dans son acquisition.

1016.

3. A l'égard des tiers de mauvaise foi.

Lorsqu'un droit réel a été induement inscrit, il ne peut être invoqué par les tiers qui ont connu ou dû connaître les vices de l'inscription.

L'inscription est faite induement, lorsqu'elle a été opérée sans titre, ou en vertu d'un titre qui n'obligeait pas l'une des parties.

Celui dont les droits réels ont été ainsi lésés peut se prévaloir directement contre les tiers de mauvaise foi de l'irrégularité de l'inscription.

1017.

E. Radiation et modification.
I. Inscription irrégulière.

Celui dont les droits réels ont été lésés par une inscription faite induement peut en exiger la radiation ou la modification.

Sont réservés les droits acquis par inscription au profit des tiers de bonne foi, ainsi que tous dommages-intérêts.

1018.

II. Extinction du droit réel.

Lorsque, par suite de l'extinction du droit réel, l'inscription correspondante a perdu toute valeur juridique, celui que grève cette inscription peut en requérir la radiation.

Le conservateur du registre foncier a pareillement le droit de radier d'office.

Tout intéressé peut, dans les dix jours, recourir au juge contre cette radiation.

1019.

III. Rectifications.

Le conservateur du registre foncier ne peut, à défaut du consentement écrit des intéressés, procéder à aucune rectification sans une ordonnance du juge.

La rectification peut être remplacée par une nouvelle inscription, avec radiation de l'inscription inexacte.

Les simples erreurs d'écriture sont rectifiées d'office, avec la permission de l'autorité de surveillance.

Livre cinquième.

Des obligations.

DES OBLIGATIONS.

Le présent Livre n'est ajouté au texte de l'Avant-projet que pour mémoire, par le seul énoncé de ses titres, et sous réserve de toutes les modifications ainsi que de toutes les adjonctions qu'il conviendra d'apporter, avant la promulgation du Code civil suisse, au droit des obligations actuellement en vigueur.

Quant aux titres du Code fédéral des obligations qui ne sont pas mentionnés ci-après, ils seront soumis séparément à un travail ultérieur de revision.

Première partie.

Des obligations en général.

Titre vingt-septième.

De la formation des obligations.

Chapitre premier.

Des obligations résultant d'un contrat.

C. O. art. 1er à 28, 36 à 49.

Chapitre II.

Des obligations résultant d'actes illicites.

C. O. art. 50 à 69.

Chapitre III.

Des obligations résultant d'un enrichissement illégitime ou d'autres causes.

C. O. art. 70 à 76.

Titre vingt-huitième.

De l'effet des obligations.

Chapitre premier.

De l'exécution des obligations.
C. O. art. 77 à 109.

Chapitre II.

Des conséquences de l'inexécution des obligations.
C. O. art. 110 à 125.

Chapitre III.

De l'effet des obligations quant aux tiers.
C. O. art. 126 à 128.

Titre vingt-neuvième.

De l'extinction des obligations.

Chapitre premier.

Dispositions générales.
C. O. art. 129, 130, 140 à 145.

Chapitre II.

De la compensation.
C. O. art. 131 à 139.

Chapitre III.

De la prescription.
C. O. art. 146 à 161.

Titre trentième.

Des modalités des obligations.

Chapitre premier.

Des obligations solidaires.
C. O. art. 162 à 170.

Chapitre II.

Des obligations conditionneles.
C. O. art. 171 à 177.

Chapitre III.

Des arrhes, du dédit et de la clause pénale.
C. O. art. 178 à 182.

Titre trente-unième.

De la cession ou du transport des créances.

C. O. art. 183 à 198.

Deuxième partie.

Des contrats.

Titre trente-deuxième.

De la vente et de l'échange.

C O. art. 229 à 273.

Titre trente-troisième.

Du louage des choses.

C. O. art. 274 à 320.

Titre trente-quatrième.

Du prêt à usage ou commodat.

C. O. art. 321 à 328.

Titre trente-cinquième.

Du prêt de consommation ou simple prêt.

C. O. art. 329 à 337.

Titre trente-sixième.

Du louage de services.

C. O. art. 338 à 349.

Titre trente-septième.

Du louage d'ouvrage par suite de devis ou de marché.

C. O. art. 350 à 371.

Titre trente-huitième.

Du contrat d'édition.

C. O. art. 372 à 391.

Titre trente-neuvième.

Du mandat.

C. O. art. 392 à 421.

Titre quarantième.

Des fondés de procuration, des représentants ou mandataires commerciaux et des voyageurs de commerce.

C. O. art. 422 à 429.

Titre quarante-unième.

Du contrat de commission.

C. O. art. 430 à 448.

Titre quarante-deuxième.

Du contrat de transport, ou des voituriers par terre et par eau.

C. O. art. 449 à 468.

Titre quarante-troisième.

De la gestion d'affaires.

C. O. art. 469 à 474.

Titre quarante-quatrième.

Du dépôt.

C. O. art. 475 à 488.

Titre quarante-cinquième.

Du cautionnement.

C. O. art. 489 à 511.

Titre quarante-sixième.

Du jeu et du pari.

C. O. art. 512 à 516.

Titre quarante-septième.

Du contrat de rente viagère.

C. O. art. 517 à 523.

Titre quarante-huitième.

De la société simple.

C. O. art. 524 à 551.

Titre quarante-neuvième.

De la société en nom collectif.

C. O. art. 552 à 589.

Titre cinquantième.

De la société en commandite.

C. O. art. 590 à 611.

Titre cinquante-unième.

Du registre de commerce, des raisons de commerce et autres et des livres de comptabilité.

C. O. art. 859 à 880.

TITRE FINAL.

Conflit des lois et dispositions transitoires.

La rédaction de ce titre n'aura lieu que lorsque le travail de codification sera arrivé à son terme. Nous donnons cependant ici quelques indications qui permettront de se rendre compte, dans ses grandes lignes, du contenu des chapitres de ce titre final.

Chapitre premier.

Conflits entre le droit national et le droit étranger.

Ce chapitre règlera les questions du droit international et intercantonal privé. On y trouvera les principes généraux relatifs à l'application du droit étranger en Suisse et à celle du droit fédéral tant aux Suisses à l'étranger qu'aux étrangers en Suisse.

Nous proposerions, sous réserve des traités internationaux (Titre préliminaire, art. 5), les règles suivantes, qui reproduisent ou complètent, pour les matières essentielles du droit privé, la loi fédérale du 25 juin 1891 sur les rapports de droit civil des citoyens établis ou en séjour.

I. Les règles du droit des personnes, de la famille et des successions s'appliquent même aux Suisses domiciliés à l'étranger.

Si cependant l'Etat dans lequel ils ont leur domicile les soumet à sa propre législation, elle leur sera également appliquée en Suisse.

Lorsqu'ils sont régis eux-mêmes par le droit étranger, leurs immeubles situés en Suisse n'en demeurent pas moins soumis à la loi suisse.

II. Les règles du droit des personnes, de la famille et des successions s'appliquent aux étrangers qui ont eu constamment leur domicile en Suisse depuis leur naissance ou depuis dix ans au moins.

Les autres étrangers sont régis par le droit qui leur est applicable aux termes de leur loi d'origine.

III. Les règles concernant le droit de propriété et les autres droits réels régissent tous les biens situés en Suisse.

Les meubles sont réputés situés en Suisse, lorsque leur possesseur est régi par la loi suisse relativement à son titre d'acquisition.

IV. Les règles du droit des obligations s'appliquent, faute par les intéressés d'en convenir autrement, à toutes les obligations qui doivent être exécutées en Suisse.

V. Le juge est tenu d'appliquer strictement les règles du droit civil suisse qui intéressent l'ordre public ou les bonnes mœurs.

Les formes qui sont d'ordre public aux termes de la loi suisse ne pourront être remplacées par celles de la loi étrangère, même quand la matière de l'acte ne serait point régie par la législation suisse.

Dans tous les autres cas, les formes valables selon la loi étrangère du lieu de la conclusion de l'acte seront tenues pour équivalentes à celles prescrites par la loi suisse.

Les règles spéciales de droit international privé introduites dans les différents livres de l'Avant-Projet pourront y être maintenues, à moins qu'on ne juge préférable de les grouper toutes dans ce chapitre en y ajoutant les prescriptions complémentaires qui paraîtront désirables. Cette question sera tranchée ultérieurement.

Chapitre II.

Conflits entre l'ancien et le nouveau droit.

Chapitre III.

Dispositions transitoires.

La solution des difficultés résultant du passage de l'ancien Droit au Droit nouveau et des dispositions transitoires présente une importance toute spéciale en matière de droits réels. C'est pourquoi il nous paraît à propos de reproduire les indications qui accompagnaient l'Avant-Projet concernant les droits réels, de 1899. La rédaction définitive de ce chapitre est d'ailleurs également réservée.

I. Les Cantons peuvent régler, par des lois ou par de simples ordonnances, les matières qui leur sont attribuées. Ils n'ont d'ailleurs l'obligation de compléter la loi fédérale, que lorsque l'exécution de celle-ci l'exige absolument. On devra toutefois, dans les dispositions transitoires, réserver à la Confédération le droit d'édicter les mesures nécessaires pour assurer l'exécution de la loi dans le territoire des Cantons qui négligeraient d'y pourvoir eux-mêmes en temps opportun.

II. Chaque Canton a le droit de déterminer, pour son territoire, la forme des actes authentiques.

Les contrats relatifs aux droits réels immobiliers feront l'objet de règles spéciales soit dans les dispositions transitoires, soit lors de la revision du Droit des obligations.

III. Les dispositions transitoires reconnaîtront d'ailleurs les droits de propriété existants sur des arbres ou des forêts dans le fonds d'autrui (droits de crue et de recrue); elles réserveront à leur égard la législation cantonale.

IV. Les Cantons désignent librement « l'autorité compétente », lorsque la loi emploie cette expression. Si la loi exige l'intervention d'une autorité spéciale, appartenant à l'ordre judiciaire ou à l'ordre administratif, elle a soin de le dire expressément.

V. Pour les servitudes foncières, on admettra comme règle générale que celles qui existeront avant l'établissement du Registre foncier continueront à subsister activement et passivement, telles qu'elles se trouvent définies dans les titres qui leur ont donné naissance. Ceci se rapporte non seulement à leur existence même, mais encore à leurs effets. En revanche, pour ce qui est de la possession des servitudes, ses effets seront régis par le nouveau Droit, à moins que les dispositions transitoires ne contiennent des règles spéciales sur la prescription.

Lors de l'établissement du Registre foncier, les intéressés seront sommés publiquement de requérir l'inscription de leurs servitudes conformément au nouveau Droit. Les servitudes qui ne seront pas inscrites ne s'éteindront pas pour autant; mais elles cesseront d'être opposables aux tiers de bonne foi.

Les Cantons fixeront une période assez longue, au terme de laquelle toutes les servitudes sans exception devront être révélées par le Registre foncier, ensorte que les servitudes non inscrites n'existeront plus.

VI. La procédure devant l'autorité compétente sera réglée par les Cantons. Lorsque la loi porte que le juge prononce comme en matière sommaire, elle entend une procédure à bref délai, excluant tout recours suspensif.

VII. L'introduction du nouveau Droit sur le régime hypothécaire pourra se faire de la manière suivante:

1° Les titres existant lors de l'entrée en vigueur de la loi nouvelle conserveront leurs effets, sans qu'il soit nécessaire de les mettre en harmonie avec ses dispositions. On n'exigera pas qu'il soient présentés pour être modifiés ou échangés contre d'autres titres. Seulement, on réservera aux Cantons la faculté d'ordonner, s'ils le jugent convenable, que les anciens titres seront, dans un certain délai, mis en concordance avec la loi nouvelle. Cette mesure peut être utile dans tel Canton où circulent de nombreux titres remontant aux siècles passés, pour des sommes exprimées en monnaies depuis longtemps disparues.

2° Dès l'entrée en vigueur de la loi nouvelle, on ne pourra plus établir d'autres droits de gage immobilier que ceux qu'elle autorise; mais jusqu'à l'établissement du Registre foncier, on continuera à recourir aux formes de la législation cantonale, comme la *Fertigung* (investiture, homologation), pour conférer au droit ses effets réels.

3° L'extinction et la modification des titres, ainsi que la mainlevée, seront régies par la loi nouvelle, dès son entrée en vigueur; on observera toutefois les formalités du Droit cantonal, jusqu'à l'établissement du Registre foncier.

4° Les droits et les devoirs du créancier et du débiteur continueront à être déterminés par l'ancienne législation pour les droits de gage constitués sous son empire, en tant qu'il s'agira des effets conventionnels du gage; mais quant aux effets légaux, se produisant de plein droit et soustraits à la disposition des parties, la loi nouvelle s'appliquera, au contraire, même aux droits de gage constitués antérieurement. En particulier:

a. L'objet soumis au droit de gage sera déterminé par la loi nouvelle, qui ainsi étendra ou restreindra les droits de gage antérieurs. Cette règle ne peut souffrir d'exception que pour les meubles compris dans le gage immobilier à titre d'accessoires conventionnels, ce qui est permis dans quelques Cantons. En pareil cas, le créancier a acquis, par le contrat même, une garantie qu'on ne peut songer à lui enlever, en sorte que ces droits de gage sur les accessoires conventionnels demeureront valables, bien qu'en contradiction avec la loi nouvelle. Mais il n'en est pas de même des accessoires légaux de l'immeuble: ici, en effet, le créancier s'étant, sous l'empire du Droit antérieur, soumis à la détermination de la loi, doit accepter celle qu'apporte la loi nouvelle. Il en est de même pour les fruits de l'immeuble.

Les mêmes considérations s'appliquent à l'étendue de la créance assurée par le gage.

b. Les droits du créancier pendant la durée du gage, spécialement celui d'exiger des sûretés, et, inversement, les facultés accordées au débiteur, seront régis par la loi nouvelle, même pour les droits de gage antérieurement constitués. Cette règle s'applique aussi à la garantie que la loi nouvelle accorde au créancier, par l'extension de son droit de gage pour ses impenses nécessaires.

Il en est autrement pour la dénonciation et le transfert, qui demeureront soumis au Droit antérieur, sous réserve toutefois des mesures que pourront prendre les Cantons, conformément à ce que nous dirons ci-après sous lettre *d*.

c. Jusqu'à l'établissement du Registre foncier, le rang des droits de gage sera déterminé par le Droit antérieur. Mais dès cet établissement, c'est le principe de la foi publique attachée au Registre foncier qui réglera les rapports des créanciers entre eux.

Même remarque sur la question de savoir si le créancier reçoit une case hypothécaire fixe ou, au contraire, s'il a le droit de succéder au rang de ceux qui le priment. Après l'établissement du Registre foncier, ce droit devra y être mentionné pour jouir du bénéfice de la foi publique.

Les Cantons pourront d'ailleurs être autorisés à édicter sur ces points des dispositions transitoires spéciales: ainsi, pour la subrogation du droit tessinois en matière d'hypothèques solidaires; pour la subrogation et le rang successif des hypothèques, tels qu'on les trouve réglés par le Code civil français. Ces réserves devront être soumises à l'approbation du Conseil fédéral.

d. Comme, sur bien des points, il y a concordance entre les anciennes institutions et les nouvelles, les Cantons feront sagement d'en profiter pour déterminer, lors de l'introduction du Code civil fédéral, en quelles matières cette correspondance existe et, cela fait, la décréter une fois pour toutes. C'est ainsi que l'obligation hypothécaire du droit bernois offre une assez grande analogie avec l'hypothèque du Projet; le *Pfandbrief* de St-Gall, avec la cédule hypothécaire; le *Zedel* d'Appenzell, avec la lettre de rente au porteur, etc. Il sera licite, cela va sans dire, de n'opérer qu'une assimilation partielle, par exemple pour le transfert et non pour le rang. Ces mesures devront aussi être soumises à l'approbation du Conseil fédéral.

e. Les dispositions du Projet limitant à une fraction de la valeur de l'immeuble la faculté de le grever de certains droits de gage, ne s'appliqueront qu'aux droits constitués à l'avenir.

Il en est de même pour l'évaluation, telle que certains Cantons la connaissent, et pour ses effets.

VIII. En ce qui concerne la nouvelle législation sur les droits réels (Première et Deuxième parties), voici les principales règles qu'il y aura lieu d'observer dans les dispositions transitoires :

1. Dès l'entrée en vigueur de la législation fédérale, on ne pourra plus constituer aucun droit réel que cette législation ne reconnaîtrait pas.

Cet effet se produira immédiatement, et avant l'établissement du Registre foncier.

2. La nouvelle législation ne touchera pas à l'existence des droits réels déjà constitués au moment où elle entrera en vigueur.

Ceci s'appliquera également aux droits réels créés par la loi ancienne (par exemple, à l'hypothèque légale du Code civil français), à moins qu'il ne s'agisse de droits dont l'existence et les effets dépendent uniquement de la loi en vigueur (comme les rapports de voisinage). Quant aux droits dont l'existence est manifestée par des installations spéciales (ainsi, le passage nécessaire, la mitoyenneté), ils demeureront soumis au droit cantonal, conformément à la règle générale.

Si le titre d'acquisition, par exemple le contrat, a pris naissance sous l'ancienne législation, tandis que la constitution même du droit s'opère sous la nouvelle, l'existence et la validité du titre seront régies par l'ancienne loi.

3. Quant à la forme de la constitution des droits réels, elle dépendra naturellement de la loi nouvelle, dès l'entrée en vigueur de celle-ci, avec cette réserve considérable toutefois que, jusqu'à l'établissement du Registre foncier, la forme prescrite par le droit cantonal tiendra lieu de l'inscription.

Les Cantons auront à prendre, dans leurs lois d'introduction, les mesures nécessaires pour que, durant la période qui s'écoulera depuis l'entrée en vigueur de la législation nouvelle jusqu'à l'établissement du Registre foncier, les formalités spéciales de leur droit puissent remplir la fonction qui leur sera ainsi assignée.

4. Sauf disposition contraire, les effets légaux des droits réels existant lors de l'entrée en vigueur de la loi nouvelle seront aussitôt déterminés par celle-ci, à condition, bien entendu, qu'il s'agisse de droits qu'elle reconnaisse elle-même. Mais, quant aux effets conventionnels de ces droits, ils continueront à subsister sous l'empire de la loi nouvelle, pourvu qu'ils ne soient pas incompatibles avec celle-ci.

Seuls, les droits que la loi nouvelle ne reconnaît pas continueront à être régis, quant à leurs effets, par la législation antérieure.

Si la loi nouvelle subordonne l'exercice d'un droit à l'existence du Registre foncier, la législation antérieure fera règle pour cet exercice jusqu'à l'établissement du Registre, même s'il s'agit de droits soumis d'ailleurs à la loi nouvelle.

IX. Dès son entrée en vigueur, la loi nouvelle s'appliquera aussi à la possession, spécialement aux effets de la possession en général. En revanche, les éléments constitutifs de la possession continueront à être déterminés par la législation cantonale antérieure jusqu'à l'établissement du Registre foncier, et il en sera ainsi, même après cet établissement, pour les droits que la loi nouvelle ne permet plus de constituer.

X. Les règles concernant l'inscription des baux à ferme et à loyer trouveront leur place soit dans la loi d'introduction, soit dans le Droit des obligations revisé.

XI. En matière de poursuites, l'avis de saisie donné par le préposé au conservateur du Registre foncier (L. P. art. 101) aura l'effet d'une prohibition d'aliéner.

XII. Pour le Registre foncier, voici de quelle manière nous pensons qu'on procédera :

1. Le Conseil fédéral décrétera, après avoir entendu les gouvernements cantonaux, l'introduction du Registre foncier dans les diverses parties du territoire. Cette introduction suppose la mensuration préalable du sol ; on aura soin de

conserver, autant que possible, celle qui existe déjà dans plusieurs Cantons.

Il en sera de même pour le cadastre hydrographique.

Dans chaque Canton, la mensuration ainsi que l'établissement du Registre foncier pourront avoir lieu successivement pour les divers districts. Le plan des terrains pour lesquels une mensuration géométrique n'est pas nécessaire, forêts, alpages, pâturages d'une grande étendue, sera levé d'après des procédés arrêtés d'un commun accord avec le Conseil fédéral.

2. Lors de l'établissement du Registre foncier, tous les droits réels alors existants devront y être inscrits pour se trouver au bénéfice de la foi publique attachée à ce Registre.

L'inscription aura lieu sous peine, contre celui qui aura négligé de la faire opérer, de ne pouvoir opposer ses droits aux tiers qui se prévaudront de bonne foi du contenu du Registre foncier. Les droits réels dont la loi nouvelle n'autoriserait plus la constitution ne pourront pas, à la vérité, être inscrits; mais il feront l'objet de mentions appropriées: ainsi, pour les droits de propriété sur les divers étages d'une maison ou sur les arbres plantés dans le fonds d'autrui, pour les antichrèses, etc.

Si, par l'effet d'une cause quelconque, ces droits viennent à s'éteindre, ils ne pourront plus être reconstitués. Ceci doit s'entendre aussi de la perte matérielle de la chose.

3. L'établissement du Registre foncier, tel que l'institue le présent Projet, pourra, avec l'autorisation du Conseil fédéral, être différé, soit pour une certaine période, soit pour un temps indéterminé, dans les Cantons où il existe déjà des mesures de publicité auxquelles on puisse assigner, en les complétant peut-être sur quelques points, les fonctions du Registre foncier.

La Confédération pourra prescrire, comme mesures complémentaires, l'établissement de registres accessoires, répertoires des personnes, des immeubles, registres pour l'inscription de certains droits qui ne figurent pas dans les registres cantonaux, etc. Il s'agira de déterminer exactement à quelles formalités ou inscriptions prévues par la législation cantonale on attribuera les effets que le Projet attache aux opérations du Registre foncier.

4. On pourra de la même manière, dès l'entrée en vigueur de la nouvelle loi et avant l'établissement du Registre foncier, déterminer les formalités qui produiront immédiatement les effets des opérations du Registre relativement à la constitution, à la modification ou à l'extinction des droits. Mentionnons ici l'investiture ou homologation *(Fertigung)* en usage dans plusieurs Cantons, et l'inscription dans des registres officiels.

Ces formalités sont de nature à remplacer les opérations du Registre foncier pour le transfert, la modification et l'extinction des droits réels. Mais tant qu'il n'existera pas de Registre foncier ou d'institution en tenant lieu. les tiers de bonne foi n'auront pas la garantie résultant de la publicité. L'observation des anciennes formalités cantonales constituera donc le droit réel dans le sens du Projet, mais sans pouvoir donner à son existence les effets de la publicité, tels que le Projet les précise.

TABLE DES MATIÈRES.

Titre préliminaire.

Livre premier.

Des Personnes.

Titre premier.

Des individus.

Chapitre premier.

De la capacité civile.

Chapitre II.

Des actes de l'Etat civil.

Titre deuxième.

Des corporations et des établissements.

Chapitre premier.

Dispositions générales.

Chapitre II.

Des sociétés.

Chapitre III.

Des fondations.

Chapitre III.

De la publication et de la célébration du mariage.

Chapitre IV.

Des nullités de mariage.

Titre quatrième.

Du divorce.

Art.

Titre cinquième.

Des effets du mariage.

Chapitre premier.

De l'union conjugale.

Chapitre II.

Du régime matrimonial.

Chapitre II.

De la communauté de biens.

Chapitre III.

De la séparation de biens.

Deuxième partie.

Des parents.

Titre septième.

Des enfants légitimes.

Chapitre premier.

De la filiation légitime.

Chapitre II.

De la légitimation.

Art.

Chapitre VI.

Des droits des père et mère sur les biens de leurs enfants.

Titre huitième.

De la filiation illégitime.

Titre neuvième.

De la famille.

Chapitre premier.

De l'assistance.

Chapitre II.

De l'autorité domestique.

Chapitre III.

Des biens de famille.

Troisième partie.

De la tutelle.

Titre dixième.

De l'organisation de la tutelle.

Chapitre premier.

Des organes de la tutelle.

Chapitre II.

Des cas de tutelle.

Chapitre III.

Du for tutélaire.

Chapitre IV.

De la nomination du tuteur.

Chapitre V.

De la curatelle.

Titre onzième.

De l'administration de la tutelle.

Chapitre premier.

Des fonctions du tuteur.

Chapitre II.

Des Fonctions du curateur.

Chapitre III.

De l'office des autorités de tutelle.

Chapitre IV.

De la responsabilité des organes de la tutelle.

Titre douzième.

De la fin de la tutelle.

Chapitre premier.

De la fin de la minorité et de l'interdiction.

Chapitre II.

De l'expiration des fonctions du tuteur.

Chapitre V.

Des exécuteurs testamentaires.

Chapitre VI.

De la nullité et de la réduction des dispositions du défunt.

Art.

Deuxième partie.

De la dévolution.

Titre quinzième.

De l'ouverture de la succession.

Titre seizième.

Des effets de la dévolution.

Chapitre premier.

Des mesures de sûreté.

Chapitre V.

De l'action en pétition d'hérédité.

Titre dix-septième.

Du partage.

Chapitre premier.

De l'indivision.

Chapitre II.

Du mode de partage.

Titre dix-neuvième.

De la propriété foncière.

Chapitre premier.

De l'objet, de l'acquisition et de la perte de la propriété foncière.

Chapitre II.

Des effets de la propriété foncière.

Titre vingtième.

De la propriété mobilière.

Deuxième partie.

Des autres droits réels.

Titre vingt-unième.

Des servitudes et des charges foncières.

Chapitre premier.

Des servitudes foncières.

Art.

Chapitre II.

Des autres servitudes, en particulier de l'usufruit.

Chapitre III.

Des charges foncières.

Titre vingt-deuxième.

Du gage immobilier.

Chapitre premier.

Dispositions générales.

Chapitre II.

De l'hypothèque.

Chapitre III.

De la cédule hypothécaire et de la lettre de rente.

Chapitre IV.

Des émissions d'emprunts.

Titre vingt-troisième.

Du gage mobilier.

Chapitre premier.

Du nantissement et du droit de rétention.

Chapitre II.

Du gage sur les créances et autres droits.

Titre vingt-quatrième.

Des droits sur les choses sans maître et sur les choses du domaine public.

Chapitre premier.

Dispositions générales.

Chapitre II.

Des concessions hydrauliques.

Chapitre III.

Des mines.

Troisième partie.

De la possession et du registre foncier.

Titre vingt-cinquième.

De la possession.

Titre vingt-sixième.

Du registre foncier.

Livre cinquième.

Des Obligations.

Titre final.

Conflits des lois et dispositions transitoires.

Chapitre premier.

Conflits entre le droit national et le droit étranger.

Chapitre II.

Conflits entre l'ancien et le nouveau droit.

Chapitre III.

Dispositions transitoires.

Aperçu des travaux préparatoires

concernant le projet de Code civil suisse.

I. Conformément au programme exposé dans le questionnaire du 17 novembre 1893, sur la méthode à suivre pour la rédaction d'un projet de code civil suisse, le Département fédéral de Justice et Police a, au préalable, invité les Gouvernements cantonaux à lui faire part de leurs vœux relativement à l'économie des diverses parties de l'œuvre, ainsi que des expériences auxquelles les institutions juridiques de leurs cantons avaient donné lieu.

Les documents suivants ont été adressés au Département :

Zurich : Observations de la Cour d'appel, du 29 mai 1895, jointes à un mémoire sur le premier avant-projet.

Berne : Mémoire de M. le Dr *Leuenberger*, président de la Cour suprême, du 9 novembre 1893, concernant les droits réels.

Rapport de la direction de la Caisse hypothécaire, sur ses idées et ses expériences concernant les lettres de gages introduites par la loi pour les prêts de la Caisse hypothécaire (janvier 1897).

Nidwald : Rapport du Landammann et du Conseil d'Etat, d'après un mémoire de MM. les conseillers d'Etat *Flueler* et *Blättler*, du 15 juin 1895.

Bâle-ville : Observations du Département de justice, du 28 novembre 1895 ; mémoire concernant les effets civils du mariage, du 26 mai 1896, rédigé par M. le président du tribunal Dr *C. Chr. Burckhardt*, et mémoire concernant les droits réels de M. le Dr *Siegmund*, conservateur du registre foncier, du 24 novembre 1895.

Bâle-campagne : Observations du Département de justice, du 18 septembre 1895.

Schaffhouse : Mémoire d'une commission du Grand conseil (présidée par M. le Dr *G. Schoch*), du 19 mai 1894.

Appenzell R.-E. : Mémoire de la Cour d'appel, suivi des observations d'une commission de trois membres nommée par le Conseil d'Etat, du 11 mars 1894.

St-Gall : Réponse du Département de justice, rédigée par M. le conseiller d'Etat *J. Scherrer-Füllemann*, du 2 juin 1894.

Grisons: Observations du Tribunal cantonal, du 12 février 1895.

Thurgovie: Réponse de la commission des recours du Tribunal cantonal, accompagnée de remarques du Conseil d'Etat, du 6 avril 1894, et mémoire de M. le conseiller d'Etat *R. Hafter* (1895).

Tessin: Parziale riposta al questionario del prof. Huber circa ai principii nei quali fondare il Codice civile svizzero, 29 marzo 1894, rédigée par M. le Dr *E. Colombi*, directeur de la justice, d'après un rapport dressé par un membre de la Cour d'appel.

Vaud: Mémoire élaboré par M. le juge fédéral *Soldan,* à la demande du Conseil d'Etat, du 12 juin 1894, et rapport des experts consultés par le département de justice et police, MM. *J. Berney* et *D. Paschoud*, du 27 avril 1895.

Valais: Rapport de l'expert du Département de justice et police, M. le prof. Dr *Cropt*, du 5 février 1895.

Neuchâtel: Observations de la Faculté de droit et rapport du Conseil d'Etat, du 30 octobre 1895.

Genève: Rapports imprimés de la commission chargée de l'étude du projet Huber pour l'unification du droit en Suisse, contenant les rapports élaborés ensuite des délibérations de la commission. Le rapport concernant la partie générale a été rédigé par M. *J. Roguin*, celui concernant le droit des personnes par MM. *E. Oltramare* et *L. Rehfous* (23 octobre 1894), celui concernant le droit de famille par M. *A. Gampert* (26 juin 1894), celui concernant le droit successoral par M. *H. Brocher,* et celui concernant les droits réels par M. *Edmond Gautier* (novembre 1894).

Tribunal fédéral: Mémoire du 31 octobre 1894. (Imp.)

II. En exécution du plan adopté et à l'aide des documents précités, *trois avant-projets* concernant les matières les plus délicates furent successivement élaborés; ils portèrent sur les effets du mariage, le droit successoral et le gage immobilier. Nous ferons observer, en particulier, ce qui suit:

1. Le premier de ces travaux, consacré aux effets du mariage, a été discuté, en automne 1893, entre le soussigné et MM. Dr *Frédéric Schreiber*, à Arth, et *Louis Bridel*, professeur à Genève, traduit en français par ce dernier, et imprimé avec un exposé de motifs du rédacteur de l'avant-projet. Nous demandâmes ensuite des préavis à MM. *A. Affolter*, avocat à Soleure, *Plinio Bolla,* conseiller national, avocat à Olivone, *A. Carrard,* avocat à Lausanne, *Herzog-Weber*, conseiller aux Etats à Münster, Dr *Fehr*, conseiller national, président de la Cour d'appel à Frauenfeld, *Alfred Martin*, professeur à Genève, *A. Schneider*, professeur à Zurich, *Adalbert Wirz*, président du tribunal, à Sachseln, qui nous soumirent leurs observations écrites. Des mémoires volumineux nous ont été fournis, en outre, par M. le Dr *Hermann Fitting*, professeur à Halle, et M. le Dr *Frédéric de Wyss,* professeur à Zurich. A ce premier avant-projet correspondent, en somme, les 5e et 6e titres du projet actuel.

A ce travail, se réfèrent encore :

Les délibérations de la Société suisse des juristes sur les principes qu'il conviendrait d'adopter pour la codification fédérale du régime de biens entre époux, du 3 septembre 1894 (rapporteurs : le soussigné et M. le prof. *H. Bridel*) ;

Une adresse présentée par le bureau du Comité intercantonal de la Fédération des femmes pour le relèvement moral, du 20 novembre 1894, concernant le régime matrimonial dans le futur code civil suisse, ainsi qu'une adresse à la commission d'experts chargée de discuter le premier projet, par le Comité de Berne, d'octobre 1894.

2. Le second avant-projet, traitant des successions, a été discuté en automne 1894 entre le soussigné et MM. *Honegger*, président de la Cour d'appel de Zurich, et Dr *Virgile Rossel,* professeur à Berne ; il a fait ensuite l'objet de rapports écrits présentés par MM. *A. Affolter, Cornaz*, juge fédéral à Lausanne, Dr *Fehr,* président de la cour d'appel à Frauenfeld, *Isler,* conseiller aux Etats, avocat à Aarau, *Alfred Martin*, professeur à Genève, *L. R. von Salis,* professeur à Bâle, *Scherrer-Füllemann,* conseiller national, avocat à St-Gall, *A. Schneider,* professeur à Zurich, et M. le professeur *Frédéric v. Wyss.* De ce projet, les dispositions sur l'absence, sur les fondations et les fideicommis de famille et sur l'indivision contractuelle ont passé dans le droit des personnes et de la famille. La traduction en a été faite par M. le professeur *V. Rossel.*

Le soussigné a, de plus, discuté la question des indivisions de biens ruraux laissés par succession, dans une conférence de notaires de l'Emmenthal qui a siégé à Grosshöchstetten sous la présidence de M. *Bühlmann,* conseiller national, le 2 décembre 1894 ; nous renvoyons, pour les détails, aux annexes du deuxième avant-projet.

Nous nous sommes occupé encore de ce deuxième projet dans un travail publié en août 1895 : *Betrachtungen über die Reform und die Vereinheitlichung des schweizerischen Erbrechts.* Enfin, la Société des juristes suisses, dans sa réunion annuelle de 1895, a entendu deux rapports à ce sujet, l'un du soussigné, l'autre de M. le prof. *Virgile Rossel.* Ajoutons que la question de la liberté de tester a été discutée, sans que d'ailleurs des rapports écrits eussent été présentés, par la Société des juristes suisses en 1896.

3. Le troisième avant-projet concernant le gage immobilier fut discuté, en août 1897, dans son texte primitif, entre le soussigné et de MM. Dr *Hafner,* juge fédéral, *E. Boivin,* directeur de la Banque foncière du Jura, à Bâle, et prof. Dr *de Salis*, chef du service de législation au Département fédéral de Justice. M. *Boivin* avait formulé, pour le chapitre consacré aux lettres de gage, des propositions qui, lors des délibérations de la commission, ont servi de base à la rédaction du projet. M. le prof. Dr *Mentha,* à Neuchâtel a été chargé de la traduction française.

Ce projet, suivi d'un exposé de motifs, fut également soumis, en avril 1898, à l'examen d'un certain nombre d'experts et à l'appréciation des cercles intéressés. Jusqu'au printemps de 1899, le Département reçut les mémoires qu'il avait demandés à MM. Dr *A. Affolter,* à Soleure. *J. Berney,* à Lausanne. Dr *R. Bonzanigo,* à Bellinzone, *A. Gampert,* notaire à Genève, *Mühlemann,* statisticien cantonal à Berne, prof. Dr *G. Ruhland,* à Fribourg, *J. Scherrer-Füllemann.* conseiller national à St-Gall. prof. *A. Schneider,* à Zurich, Dr *L. Siegmund,* à Bâle, *M. Stocker,* ancien juge cantonal à Neudorf (Lucerne), *A. Wirz,* président du tribunal à Sarnen, et, en outre, ceux que lui adressèrent les maisons de banques suivantes: *Glarner Kantonalbank, Handwerkerbank in Basel, Graubündner Kantonalbank, Bank für Graubünden et Banque cantonale vaudoise.* Nous avons utilisé aussi des mémoires dus à MM. *G. Beck,* greffier du Tribunal, à Sempach, Dr *Fehr,* président du Tribunal cantonal, à Frauenfeld, *Jentsch,* ancien greffier de district, à Bâle, *Lamazure,* directeur de la banque hypothécaire suisse, à Soleure, *U. Siegrist,* notaire, à Grüningen (Zurich) et prof. *Friedrich von Wyss,* à Zurich.

Nous avons pu consulter, pour la rédaction de ce projet partiel, en sus des mémoires énumérés ci-dessus, les documents officiels suisses que voici :

St-Gall : Projet de loi concernant le régime hypothécaire et message du Conseil d'Etat, du 2 mars 1893.

Bâle-campagne : Rapport du Conseil d'Etat au Grand conseil sur la demande d'initiative concernant la refonte du régime hypothécaire, du 30 septembre 1896 ; projet de loi concernant l'amortissement obligatoire, la réforme du crédit hypothécaire et la fixation d'un maximum du taux de l'intérêt en cette matière, ainsi qu'un rapport du Conseil d'Etat au Grand conseil, du 3 février 1897.

Zurich : Adresse soumise au Grand Conseil par la Ligue cantonale des paysans relativement à un projet de loi concernant les obligations hypothécaires et l'amortissement des dettes hypothécaires, de novembre 1895 et janvier 1896 ; rapport du conseil de banque au Grand conseil, du 6 août 1897.

Appenzell Rh.-E. : Projet de loi concernant le droit de gage immobilier (*Zedelgesetz*), issu de la première lecture par le Grand conseil, du 22 mars 1898 ; rapport de la commission et message du Conseil d'Etat au Grand conseil sur la révision de la loi hypothécaire, des 7 novembre 1897 et 7 février 1898.

Nous avons, d'autre part, publié sur cette matière, dans le courant de l'automne 1898, une étude intitulée : *Betrachtungen über die Vereinheitlichung und Reform des schweizerischen Grundpfandrechtes.*

Le projet fut remanié, en 1898, à l'aide de ces matériaux, puis, incorporé dans sa forme nouvelle au projet sur les droits réels, sous le titre vingt-quatrième et la section cinquième du vingt-cinquième titre.

II. Les trois avant-projets du Département portèrent sur le droit des personnes et de la famille, sur les droits réels et sur les successions.

1. Le Département fédéral de Justice et Police chargea le soussigné, en date du 27 janvier 1896, d'élaborer tout d'abord un projet complet de droit des personnes et de la famille. Il reçut, le 24 juillet suivant, un premier texte de ce projet, qu'il soumit ensuite à une commission composée du Chef du Département, M. le Conseiller fédéral *Müller*, et de MM. Dr *Gobat*, Conseiller d'Etat, à Berne, Dr *Hafner*, juge fédéral, à Lausanne, Dr *Leo Weber*, chef du service de législation et du rédacteur. Cette commission discuta le projet du 23 août au 12 septembre et en arrêta le texte le 2 décembre. La traduction française fut confiée à M. le Conseiller d'Etat *Gobat*.

MM. les prof. D[r] *Ch. Chr. Burckhardt*, à Bâle, et D[r] *Ph. Lotmar*, à Berne, fournirent au soussigné des observations qu'il mit à profit pour la rédaction du droit des personnes et de la famille.

2. Nous préparâmes, déjà en 1897, outre l'avant-projet sur le gage immobilier, une première rédaction des chapitres concernant la *possession* et le *registre foncier*. Les délibérations de la Société des juristes suisses, du 19 septembre 1896, ainsi que les rapports présentés, par M. le juge fédéral Dr *Lienhard*, et M. *A. Gampert*, notaire à Genève, ont pu être utilisés à cet effet. L'auteur du projet a, du 20 au 25 mars 1898, revisé son travail, avec le concours de MM. Dr *Hafner*, Juge fédéral, Dr *Lienhard*, Juge fédéral, *A. Gampert*, notaire, et Prof. Dr *L. de Salis*. Son nouveau texte fut soumis encore à M. le Dr *Siegmund*, conservateur du registre foncier à Bâle. De plus, le Département fédéral de Justice et Police avait, dans l'intervalle, rassemblé des matériaux très complets sur l'organisation actuelle des registres fonciers dans les cantons. Enfin, ce projet partiel, après avoir été remanié une fois de plus, a été inséré dans le livre des droits réels, dont il forme la troisième partie (titres vingt-cinquième et vingt-sixième).

Les chapitres relatifs aux *concessions hydrauliques* et aux *mines* furent également rédigés dans le courant de l'année 1897. Pour les *concessions hydrauliques*, nous avons consulté, au point de vue technique, le „Rapport sur la législation du régime des eaux existant en Suisse", publié en 1894 par M. *A. Jegher*, ingénieur, à Zurich, que le Département fédéral de l'Intérieur avait chargé de ce travail, et un projet de „Droit des concessions hydrauliques, propositions aux cantons", adressé par M. Jegher, en mai 1896, au même Département. Nous avons eu plus tard une conférence avec M. Jegher, le 8 mars 1898, et nous avons soumis notre projet, le 26 mars, à la commission départementale puis, à MM. *de Morlot*, Inspecteur fédéral des travaux publics, et *Epper*, ingénieur, chef du bureau hydrométrique fédéral. Cette partie a été insérée dans le livre des droits réels (chapitre deuxième du titre vingt-quatrième). Quant aux parties techniques du *droit des mines*, nous avons pris l'avis de M. *J.-B. Rocco*, Inspecteur fédéral des mines et ingénieur-conseil pour les mines et haut-fournaux. Ce spécialiste a élaboré, au commencement de l'année 1899, un projet personnel se rattachant au projet préliminaire de 1897 et qui, avec le rapport de M. *Rocco* sur „l'inspection fédérale des mines dans les années 1896 et

1897“, a été mis à contribution pour le texte actuel. En outre, MM. les Prof. Dr *Heim* à Zürich et *Piccard* à Bâle ont collaboré à la rédaction de ce chapitre. Dans le livre des droits réels, les mines constituent le troisième chapitre du titre vingt-quatrième.

Le *projet d'ensemble sur les droits réels* fut terminé au commencement de 1899 et examiné ensuite par une commission composée du Chef du Département de Justice et Police, M. le Dr *E. Brenner,* ainsi que de MM. Dr *Hafner,* Juge fédéral, à Lausanne, Prof. Dr *L. de Salis,* alors chef du service de législation, Prof. Dr *F. Mentha,* à Neuchâtel, et du rédacteur. Cette commission le discuta une première fois, du 2 au 21 avril. Pour la seconde lecture, qui eut lieu du 15 au 26 octobre, on appela encore dans la commission, M. le Prof. *Alexandre Reichel,* élu dans l'intervalle aux fonctions de chef du service de législation, et MM. Dr *Gobat,* Conseiller d'Etat, et Prof. Dr *Virgile Rossel,* à Berne. En revanche, M. le Dr *Hafner*, Juge fédéral, fut empêché par la maladie de prendre part aux délibérations. Les textes allemand et français furent arrêtés définitivement le 20 novembre.

Une attention toute spéciale a été vouée à la traduction, en considération surtout de la difficulté qu'il y avait de créer une terminologie qui n'a pas encore acquis droit de cité dans la langue juridique française. M. le Prof. *Mentha,* ayant déjà préparé le texte français du titre concernant le gage immobilier, traduisit, après la première délibération, le projet d'ensemble sur les droits réels. Ce travail fut l'objet d'une revision approfondie; le traducteur, M. le Prof. Dr *V. Rossel,* à Berne et le soussigné s'en occupèrent du 30 juillet au 12 août 1899, et cette revision fut achevée après la deuxième lecture, avec le concours de M. le conseiller d'Etat *Gobat*, traducteur du projet concernant le droit des personnes et de la famille.

Pour la rédaction et la discussion du projet enfin, nous avons pu utiliser, outre les mémoires et propositions précités relatifs à des chapitres spéciaux, les travaux énumérés ci-après: Observations sur le projet de code civil, par M. le Juge fédéral Dr *Lienhard* et M. *A. Gampert*, notaire; Mémoire de la société bernoise des géomètres (établissement du registre foncier) au sujet de la troisième partie du projet; Observations de M. *L. Siegmund,* conservateur du registre foncier, concernant diverses formes des droits réels dans leurs rapports avec le registre foncier; de M. le Prof. Dr *Heim*, sur les sources; de M. le Prof. *Zschokke*, conseiller national, à Aarau, sur les concessions hydrauliques; de M. le Prof. Dr *C. Ch. Burckhardt,* à Bâle, sur l'usufruit, l'hypothèque mobilière et le prêt sur gages; de M. le Dr *Schenk*, directeur de la section hypothécaire de la banque cantonale zurichoise, concernant le gage immobilier constitué sur plusieurs immeubles et les prêteurs sur gages; de M. le Prof. Dr *Marcusen* à Berne sur le gage immobilier, et de M. *Coaz*, Inspecteur fédéral des forêts, sur l'usufruit des bois et forêts. Ajoutons que des observations sur le texte de différentes parties du projet nous ont été présentées par MM. les Prof.

Dr *Ph. Lotmar* à Berne, *Max Rümelin* à Tubingue, *A. von Tuhr*, à Strasbourg et M. le Dr *Max Gmür* à Berne.

3. L'avant-projet traitant des successions a été refondu et présenté, dans sa rédaction nouvelle, au Département, par le soussigné, en décembre 1899. Il fut discuté ensuite par une Commission composée du Chef du Département de Justice et Police, M. le conseiller fédéral Dr *E. Brenner*, ainsi que de MM. *O. Honegger*, membre de la Cours d'appel de Zürich, *A. Martin*, professeur à Genève, *Virgile Rossel*, professeur à Berne, *A. Schneider*, professeur à Zurich, *A. Reichel*, professeur, chef du service de législation, et du soussigné. M. le prof. *V. Rossel*, fut de nouveau chargé de la traduction.

La même commission discuta également les articles du Titre préliminaire, ainsi que les principes dont l'énoncé figure dans le Titre final.

4. Tous les avant-projets du Département sont réunis désormais dans la présente édition, sans toutefois que les travaux parus depuis leur publication aient été utilisés pour la revision qui en a été faite.

Des changements n'y ont été apportés que sur quelques points et, pour le surplus, on procédera ultérieurement aux modifications qui sembleront nécessaires. En revanche, le texte français a été profondément remanié, en vue surtout de sa concordance exacte avec le texte allemand, qui, à cette occasion, a été aussi l'objet d'un travail de mise au point; cette dernière revision fut faite par M. *Gobat*, conseiller d'Etat, MM. les professeurs *Mentha*, *Rossel*, *Reichel* et par le soussigné.

Le texte définitif de l'avant-projet tout entier a été arrêté, dans les deux langues, le 15 Novembre 1900.

BERNE, le 17 Novembre 1900.

Prof. Dr Eugen Huber.